Heipo

*andarilho na Terra,
mas herdeiro do Céu*

Editora Appris Ltda.
1.ª Edição - Copyright© 2025 do autor
Direitos de Edição Reservados à Editora Appris Ltda.

Nenhuma parte desta obra poderá ser utilizada indevidamente, sem estar de acordo com a Lei nº 9.610/98. Se incorreções forem encontradas, serão de exclusiva responsabilidade de seus organizadores. Foi realizado o Depósito Legal na Fundação Biblioteca Nacional, de acordo com as Leis nos 10.994, de 14/12/2004, e 12.192, de 14/01/2010.

Catalogação na Fonte
Elaborado por: Dayanne Leal Souza
Bibliotecária CRB 9/2162

B675h 2025	Bogucheski, Eneas Paulo Budel Heipo, andarilho na terra, mas herdeiro no céu / Eneas Paulo Budel Bogucheski. – 1. ed. – Curitiba: Appris, 2025. 281 p. ; 23 cm. ISBN 978-65-250-7135-0 1. Filosofia. 2. Teologia. 3. Psicologia. 4. Espiritualidade. 5. Filiação divina. 6. Fé. I. Bogucheski, Eneas Paulo Budel. II. Título. CDD – 230

Appris editora

Editora e Livraria Appris Ltda.
Av. Manoel Ribas, 2265 – Mercês
Curitiba/PR – CEP: 80810-002
Tel. (41) 3156-4731
www.editoraappris.com.br

Printed in Brazil
Impresso no Brasil

Eneas Paulo Budel Bogucheski

Heipo

*andarilho na Terra,
mas herdeiro do Céu*

Curitiba, PR
2025

FICHA TÉCNICA

EDITORIAL	Augusto V. de A. Coelho
	Sara C. de Andrade Coelho
COMITÊ EDITORIAL	Marli Caetano
	Andréa Barbosa Gouveia (UFPR)
	Edmeire C. Pereira (UFPR)
	Iraneide da Silva (UFC)
	Jacques de Lima Ferreira (UP)
SUPERVISORA EDITORIAL	Renata C. Lopes
PRODUÇÃO EDITORIAL	Adrielli de Almeida
REVISÃO	Pâmela Isabel Oliveira
DIAGRAMAÇÃO	Bruno Ferreira Nascimento
CAPA	Lucielli Trevizan
REVISÃO DE PROVA	Jbiril Keddeh

Dedico este livro aos meus pais falecidos, à minha esposa, Gianna, às minhas filhas, Bruna e Adriana, aos genros, Fabiano e Arthur, aos netos, Francisco e Gael, e à netinha, Ana Clara, como um legado, uma herança que deixo para que curtam e saibam que continuo sempre junto a todos, para sempre.

Aos meus parentes, amigos e a todos aqueles que tomaram parte comigo nesta maravilhosa vida de encontros, conversas e ações compartilhadas.

Somos o que somos graças aos relacionamentos que tivemos com as pessoas, paisagens, livros, eventos culturais, geográficos e sociais.

Fomos enriquecidos com as cargas afetivas, contemplativas, emocionais, intelectivas e espirituais, componentes naturais dos nossos relacionamentos humanos.

A todos aqueles que, com sede buscaram, e ainda buscam, a arte de viver como mendigos satisfeitos, aceitando os pratos oferecidos, degustando todos os temperos e sabores que a horta da vida nos oferece.

A todos aqueles que procuram respostas definitivas, e acreditam que temos, sim, em nosso ser, os valores eternos da imagem e semelhança filial, com nosso Pai Criador.

A todos aqueles que, nesta Terra, assumem com alegria a condição de mendigos e andarilhos alegres, rumo à casa paterna.

SUMÁRIO

APRESENTAÇÃO 9

1 APRESENTANDO O HEIPO 15

2 O HEIPO É UM ANDARILHO NA TERRA 27

3 O HEIPO É HERDEIRO DOS CÉUS 39

4 O HEIPO QUER RECUPERAR VALORES PERDIDOS 45

5 QUEM SOU, QUEM SOMOS? SOMOS FILHOS 52
   5.1.- Tal Pai, tal filho 62
   5.2.- Filhinhos do Paizinho dos Céus 66

6 QUEM SOU? QUEM SOMOS? SOMOS HERDEIROS 69

7 QUAL A NOSSA ORIGEM? 92
   7.1.- Nossa origem é sobrenatural 98
   7.2.- Perdida a origem, perdida a finalidade 102

8 SOMOS SERES ABERTOS PARA A DIMENSÃO INFINITA 109
   8.1.- Onde estamos?
   No caminho, procurando o homem novo, o Heipo 115
   8.2.- Duas naturezas. A humana e a divina 123
   8.3.- O Heipo tem sede, sede insaciável 134
   8.4.- O Heipo tem fome de eternidade 135

9 QUAIS SÃO OS PRINCÍPIOS DE VIDA DO HEIPO? 136
   9.1.- O princípio do espírito 138
   9.2.– O princípio da unidade 142
   9.3-. O princípio da inocência original 146
   9.4- O princípio do saber afetivo 155
   9.5.- O princípio da bondade 159

9.6.- O princípio da Simplicidade...163
9.7.- O princípio do ser-para-os-outros 166

10 OS HEIPOS SÃO HERDEIROS DE PODERES DIVINOS 170
10.1.- O poder da liberdade 172
10.2.- O poder da fé 180
10.3.- O poder da esperança 190
10.4.– O poder do amor 195
10.5.- O poder da oração 203
10.6.- O poder da sabedoria 210
10.7.- O poder do Espírito Santo 215
10.8.- O poder da Ressurreição 225

11 O HEIPO ENGRAÇADO, CHEIO DE GRAÇAS 230

12 O HEIPO DESPERTO, ACORDADO, ATIVO 236

13 O HEIPO ESCOLHE SONHOS E NÃO PESADELOS 242

14 O HEIPO FOI CRIADO PARA GRANDES PROJETOS 252

15 HEIPOS NO CHÃO DA VIDA QUERENDO DECOLAR 255

16 LIBERTE O SEU HEIPO. DEIXE-O VOAR...................................264

17 ALÇOU VOO PARA ALÉM DESTE MUNDO 270

18 CONCLUSÃO 275

19 AGRADECIMENTOS...279

APRESENTAÇÃO

É a personalidade do Heipo que vamos conhecer. Este ser que é humano e divino ao mesmo tempo, inquieto, em busca da nossa origem e fim.

Vamos conhecer o lado humano do Heipo andarilho, disfarçado de mendigo na Terra, e o Heipo herdeiro dos céus.

Somos, sim, mendigos,
    na condição de humanos,
        andarilhos, procurando,
            sempre mendigando algo
                que nos sacie, e que nos complemente,
                    alimente e aperfeiçoe.

O processo é evolutivo e lento.

Supõe entrar por este caminho, familiarizar-se com o conhecimento dessa realidade, transformando o conhecimento em convicções e ações.

Somos filhos do Criador do Universo, filhos e herdeiros de todos os bens que Ele preparou para nós, como filhos queridos.

Caminharemos estudando-nos dentro das dimensões humana enriquecida pela dimensão espiritual e eterna.

O ser humano, além da sobrevivência, busca a transcendência, porque não é daqui. É natural que queira conhecer e alcançar a sua finalidade última.

Nascemos na Terra, mas ao estudar e nos aprofundar neste conhecimento descobrimos que também já somos meio divinos, destinados aos céus.

À medida que conhecemos a natureza humana, vamos descobrindo lentamente que há algo de bom em cada um de nós, alguns traços, algumas características que nos assemelham ao nosso Criador, e constatamos que somos seres celestiais, sobrenaturais.

Ao ler este livro, você entrará dentro da sua própria biografia, conhecer-se-á melhor e a sua autoestima estará ao nível digno da sua existência.

Escrevi este livro

    Para quem
    ainda não encontrou
    o que procura, ou, se encontrou,
    não está satisfeito,
    e sente-se incompleto, neste mundo.

    Para quem procurou em tudo
    e ainda não o encontrou.

    Para quem sente dentro da alma
    a falta de algo importante.

    Para quem quer mais.

    Para quem sente um tipo de sede
    que as águas desta Terra
    não conseguem saciar.

    Para quem não se contenta
    com a superfície, nem com as aparências da vida

    Para quem busca o sentido da existência.

    Para quem não se deixa escravizar pela rotina.

    Para quem busca saídas, forçando passagens.

    Para quem quer aventurar-se
    em conhecer o mundo invisível.

Para quem busca a abertura para o infinito.

Para quem acredita
que se tornará eterno.

E se descobre como mendigo,
andarilho, caminhante,
em busca de si mesmo
do seu Pai e da morada eterna.

Certamente, você é um 'quem' se identificará, se descobrirá um pouquinho mais e se surpreenderá com o que de bom está guardado aí dentro da nobreza do seu ser.
Escrevi este livro, num estilo inovador. Ou seja, sair dos padrões convencionais e rotineiros desejando cativar o leitor. Eu queria que as palavras se apresentassem como se estivessem dançando, convidando-o a entrar no cenário, no palco onde o livro se dá a conhecer.

*Este livro foi gestado
considerando que a evolução
ainda não alcançou o seu limite.*

*Até o presente momento histórico,
evoluímos quase que exclusivamente
dentro da dimensão humana.*

*É uma proposta para continuarmos
dentro do processo evolutivo,
abrindo-nos para a natureza divina
escondida nas entrelinhas
da dimensão humana.*

*Não somos apenas filhos da dona Terra,
mas descobrimos que somos também
filhos do Senhor dos Universos,
e herdeiros dos céus.*

*O personagem Heipo
se transforma, de mendigo-andarilho,
no personagem que se coloca
conscientemente,
a caminho e em direção à sua
herança divina.*

1

Apresentando o Heipo

O Heipo
é o personagem
que sintetiza e revela tudo aquilo
que cada ser humano tem de melhor.

O Heipo
    é a criança rebelde
        que permanece no adulto.

            O Heipo
            é o adulto
            que preserva
            sua inocência,
            a espontaneidade
            e o encantamento.

O Heipo
    é o eu que luta
        para continuar vivo e vivendo
            dentro dos nobres ideais
                para os quais existimos.

O Heipo
   é a semente de eternidade
      que lateja em nossas aspirações
        mais profundas.

   Ele espera ser cultivado
     em sua própria personalidade,
       para **se** sentir mais completo
       e encontrar o sentido
        ou a razão de existir.

O Mundo do Heipo é um projeto. Abraça a vida toda, com tudo o que existe dentro do pacote 'vida'.

Este livro quer revelar o personagem Heipo que existe em cada ser humano.

Todo livro é uma tentativa de revelação daquilo que é natural, porém o natural absorvido, integrado, participando já de uma outra dimensão, sobrenatural.

O Heipo é um personagem humano e divino ao mesmo tempo. Mas, o que mais pretendemos é mostrar um Heipo mais divino que humano.

O Heipo, neste livro, deseja descobrir e revelar esse misterioso e grandioso ser que é você, eu, nós, na unidade das dimensões humana e divina.

O Heipo é o ser humano
   quase perfeito.

      É a síntese do Universo.

       É o Rei da Criação.

              Ele é mais do que aparenta.

              Ele é mais do que é.

              Ele é o filho do Eterno.

          Heipo é uma maneira de ser
        escolhida como filosofia de vida,
     um jeito consciente,
   elegante, charmoso,
de se viver a vida.

O Heipo
      é um personagem humano
          ou, pelo menos, é um tipo
              de manifestação de ser,
                que se sente plenamente humano,
                  porém, com cócegas,
                  se coça naquilo que já tem
                de sobrenatural e eterno.

O Heipo é muito "hum-mano",
    isto é, fraterno, irmão,
        de tudo e de todos.

   O Heipo
       é uma das melhores partes,
         do ser humano.

É aquela parte
    que tem sede
        de ser aperfeiçoada.

É aquela capacidade
  que existe em cada um de nós
    com possibilidade de crescer
    até o infinito.

Não tem limites
  para o seu desenvolvimento.

Ultrapassa
  os próprios limites geográficos
  e corporais.

  Foge do egoísmo.

    Não se deixa aprisionar
    em preconceitos
      e desequilíbrios.

  Explode
    para fora de si.

      É uma potência.

    Atrai e é atraído.

Supera-se, porque se motiva.

Emociona-se
  porque possui e revela
    sentimentos e emoções.

O Heipo é aquela parte do ser humano
    que se manifesta com alegria,
        com entusiasmo,
            com brilho nos olhos
                e com carinho nos gestos.

É aquela parte inocente
    que se manifesta
        com o coração
            e simplicidade.

É autêntico
    e transparente.

O Heipo
    vê as coisas
        com deslumbramento,
            com emoção,
                com entusiasmo
                    e vibração.

Ele quase consegue ver
    a realidade invisível,
        dentro de cada ser,
            porque sabe
                que lá dentro
                    existe uma alma.

Sabe que cada ser
    é uma realidade
        que quer ser conhecida,
            reconhecida,

      descoberta e amada.

  Ele lê a frase invisível
    na testa de cada um:
     "note que eu existo,
      me dê atenção".

O Heipo
  é aquela pessoa sensível,
    que pode ver
      onde se encontra
        o calor humano,
          onde há receptividade,
          abertura e bondade,
          amor, carinho,
          bom humor, riso,
          música, dança
          e brincadeira.

Há, no Heipo,
  um charme
    querendo cativar.

Há um aceno, um convite.

Ele caminha nessa direção.

Ele procura as potencialidades que o alimentam.

O Heipo
  é filho da Dona Terra
    e do Senhor dos Céus.

É uma criança
    que se manifesta
        na pessoa adulta.

O Heipo
    é aquela parte do adulto
        que permaneceu criança.

É aquela parte da criança
    que permaneceu inocente,
        íntegra e original,
        e continua viva,
            atuante,
                no adulto.

O Heipo
    nasce e renasce
        da observação e da convivência
            com as pessoas portadoras de valores,
                do passado, do presente
                    neste tempo
                        que chamamos agora,
                          nesta época
                              que se chama hoje.

O Heipo
    é aquela qualidade divina
        que se instala na pessoa humana
        desde o seu nascimento.

Essa qualidade divina

　　　　é que o faz olhar para cima,
　　　　　　para o alto,
　　　　　　　　para o espaço infinito,
　　　　　　　　　　onde pensa ser lá
　　　　　　　　　　　　a sua Pátria definitiva.

O Heipo
　　　é aquela graça divina,
　　　　　visível,
　　　　　　　aquele jeito de ser
　　　　　　　　　igual ao Paizinho do Céu.

O Heipo
　　　é aquele personagem
　　　　　já quase divino
　　　　　　　que se manifesta
　　　　　　　　　na pessoa humana
　　　　　　　　　　　que é consciente
　　　　　　　　　　　　　de ser Filho do Pai Celeste.

O Heipo
　　　é um personagem meio estranho,
　　　　　bem diferente,
　　　　　　　muito humano,
　　　　　　　　　meio anjo
　　　　　　　　　　　e quase divino.

É surpreendente.

É misterioso.

É um jeito de ser

  daqui e de lá.

  Mais daqui do que de lá.

  Mas já é um pouco,
  do jeitão de viver de lá.

O Heipo
  é um extraterrestre
    que constrói
      a sua nave aqui na Terra,
       e, quando morre,
        vai nessa nave
         até o Céu,
          onde é a sua definitiva morada.

O Heipo
  quer ser o remédio certo,
    incorporando vitaminas,
     apoio, saída, escape,
      uma válvula
       na panela de pressão
        do mundo 'novo'.

O Heipo
  nasce e renasce da observação
    e da convivência
     com as pessoas
      portadoras de espírito de infância,
      tão raro no passado,
       escasso no presente,
        e tão necessário para o futuro.

O Heipo
      gosta de **se** expressar sem censura
           e sem rodeios, pois ele é autêntico.

Ele é o que aparece por fora,
    revelando o que é por dentro.

O Heipo
    tem o bom senso
        de escolher o que é bom,
           útil, simples e alegre,
                e continuar cultivando
                    a criança na criança,
                    cultivando e mantendo
                    o espírito de criança no jovem,
                    imitando a criança
                    no homem e na mulher,
                    cheios de vida,
                    nos anos vividos.

O Heipo
    é o tipo de personagem
        criado e destinado para viver aqui,
            mais ou menos do jeito
                que viveremos lá.

O Heipo
    pode ainda estar dormindo,
        ou já está desperto
            de alguma forma,
                em tudo aquilo que de bom

        há em cada um de nós
            ou como potencialidade,
            ou como capacidade de melhorar.

O Heipo assimila
    e se alimenta
        de todos os valores
            que ultrapassam a racionalidade lógica.

    Depois, quase explode de alegria
        por todas essas potencialidades
            e capacidades escondidas.

Algumas pessoas já vivem como Heipos.

Anteciparam-se e vivem hoje como viveremos lá na frente.

Este teu jeitão legal de ser manifesta que você já o conhece e é seu amigo de longa data.

De tanta intimidade que há entre vocês, percebe-se uma única pessoa.

Pedagogicamente nada adianta insistir sobre os desequilíbrios e sobre os erros, sobre os defeitos e sobre os problemas das pessoas.

Não é sábio coçar a ferida, e, sim buscar o remédio.

Somos humanos e imperfeitos, buscando a perfeição.

Se nos concentrarmos nos valores, estaremos nos concentrando nas possibilidades.

Assim como o Heipo, somos portadores de potências e forças capazes de nos conduzir às estradas e caminhos certos, ao uso das ferramentas para decidirmos por atitudes positivas e libertadoras.

Enquanto formos apenas humanos, estaremos sempre em vias de aperfeiçoamento, e quanto mais desenvolvermos as qualidades e potências do Heipo, mais perfeitos seremos.

O importante, nesta vida, é a busca das soluções que existem para todos os tipos de problemas e saber que temos as condições para resolvê-los.

Possuímos as capacidades, algumas ainda dormindo, escondidas ou ignoradas.

O Heipo é este personagem que segue, passo a passo, descobrindo até aonde já chegou e até aonde pode chegar.

O Heipo é você se descobrindo.

2

O Heipo é um andarilho na Terra

**O Heipo
é andarilho na Terra,
mas é também o herdeiro
de uma grande fortuna,
e anda por aí, disfarçado de mendigo.**

Eis aqui o Heipo.

    Eis aí você, peregrino,
        pisando a Terra,
            olhando para o Céu.

    É você, você mesmo,
        incompleto, nunca satisfeito,
            desconhecendo e ignorando
                o que de melhor possui.

    Você não sabe como acalmar essa ansiedade.

    Não se conhece bem.

        Não sabes quase nada
            do Heipo que é você.

Chegou, de repente, em suas mãos este livro, que é a sua própria autobiografia.

Você dialoga com as linhas e com as entrelinhas deste livro, interage e se identifica com o personagem do livro, o Heipo, que é você mesmo.

O livro escrito é algo vivo, está falando com você, de você.

É você que vai lendo, escutando, parando, pensando, refletindo e tirando suas conclusões.

Vai retomando o encontro, o diálogo com o personagem do livro.

O personagem principal, o Heipo, o artista, o anjo, na realidade, é você.

Neste livro, você está honrando o encontro consigo mesmo.

Existe um princípio filosófico que diz assim:

> *"Todo ser é bom, isto é, é capaz*
> *de satisfazer as necessidades*
> *de outro ser e de comunicar a ele*
> *as perfeições que lhe faltam."*
> Aristóteles

Aristóteles (384-322 a.C.). Foi filósofo grego, aluno do Platão e professor do Alexandre, o Grande. Junto com Platão e Sócrates, são considerados os três maiores filósofos que o mundo conheceu. Aristóteles acentua o primado da realidade sensível sobre as ideias. Nasceu em Estagira, na Grécia, e morreu em Cálcis, na Grécia.

Neste princípio foram colocadas as raízes e as motivações deste livro.

Reaver, recuperar o encantamento da vida, a alegria de viver, encontrar ou recuperar esses valores é o que propõe o personagem Heipo.

Se olharmos o mundo
    como um campo
        onde coabitam
            a desordem e a irracionalidade,
              convivendo
                com a ordem e a racionalidade,
                  é sobre os princípios construtivos
                    da ordem e da racionalidade
                      que queremos insistir.

Queremos acreditar
    na Lei da bondade,
        como origem do nosso ser.

Queremos acreditar
    que fomos feitos por Deus,
        que, ao criar a natureza,
            rios, mares, montanhas,
                e nós, seres humanos,
                    viu que tudo era bom.

Estamos envolvidos
    por uma multidão
        de elementos.

Fumaça, neblina, subculturas,
    ou algum tipo de poluição,
        dificultam a clareza
            da nossa visão.

No mundo,

na Terra, no Universo,
temos o nosso lugar.

A partir de uma leitura inicial,
nos enxergamos órfãos, mendigos,
longe da casa paterna.

Como mendigos,
desejamos reencontrar
a originalidade,
recuperar nossa dignidade,
retornar à nossa casa paterna,
reencontrar nosso Paizinho.

Estamos envolvidos
por uma multidão
de elementos.

Já fizemos a experiência
de multiplicidade que não nos preencheu.

Este vazio interior,
infinito, que sentimos em nossa alma,
não encontrou na Terra
alimento que lhe fosse suplementar.

Procuramos atalhos
e nos perdemos.

Voltemos então a atenção
para os valores
que nos fazem bem

porque nos unificam
e completam,
realizando o ideal
para o qual fomos projetados.

Como mendigos,
desejamos reencontrar,
de novo, nosso lugar no Universo,
restaurar a unidade do nosso ser.

O Heipo
é o personagem mendigo,
andarilho consciente,
que já sabe
que não adianta ter coisas,
posses, tralhas,
para se apegar e carregar.

O Heipo,
mendigo,
aqui na Terra, já sabe viver,
desapegado de tudo e de todos,
e que terá recompensas no céu.

De certa forma,
já está gastando
a herança
que recebeu.

Queremos de novo
reaprender a andar
devagarzinho, sem pressa.

Prestar mais atenção,
    encantar-nos.

Valorizar o caminho.

Aperfeiçoar a sensibilidade.

Valorizar os encontros.

Aprofundar a espiritualidade.

Olhar para cima.

Alimentar esperanças.

Nestas linhas iniciais deste livro, você já percebeu que o personagem central não é o Heipo.

São dois personagens que interagem no livro.

Um interno, real, você, e o outro personagem externo, o Heipo, o personagem virtual.

    O Heipo real
        lê o Heipo virtual.

    O Heipo real
        lê-se no Heipo ideal.

    É você que lê,
        que tem a intenção

    e a vontade de penetrar
      lá dentro das coisas,
        sentir e perguntar-se
          o que se passa aqui dentro,
            o que é que preenche esse vazio.

É você que tenta ler,
  interpretar e decifrar
    o que está aparentemente escondido,
      latente, gritante, dentro de você
        desejando sair e libertar-se.

E você procura,
  ansiosamente,
    identificar sinais
      da sua imagem e semelhança
        nas pegadas
          do nosso Paizinho,
            teu e meu Criador.

É você que se lê, lendo o personagem Heipo.

Vivemos, sim,
  dentro de dois mundos:
    do mundo visível
      e do mundo invisível.

Há muita riqueza
  ignorada e escondida
    dentro das coisas,
      e há muito valor
        atrás das aparências

                              dos humanos, nossos irmãos.

O Heipo, mendigo e andarilho, pretende nos introduzir na dimensão espiritual,
a dimensão de filhos e herdeiros do **Deus Criador**, nosso **Paizinho dos Céus**.

É assim que nos apresentamos
     e experimentamos neste mundo,
          como carentes, mendigos, andarilhos.

Carentes de certezas,
     de definições, de clareza.

         Tantas perguntas
             não respondidas.

             Tantas mentiras
               e ilusões.

             Tantas teorias
                 e tão poucas respostas definitivas.

O Heipo quer falar
     de quem é você,
         do que acontece no seu íntimo,
             o que você conhece de si mesmo
                 e o que ainda ignora,
                     no que você acredita
                         e no que espera.

Como mendigos,
     pouca coisa nos contenta,
         pouca coisa mata nossa fome.

Mas há uma fome
    que nunca se satisfaz.

Há uma sede insaciável
    no ser humano.

Não há melhor definição para o ser humano do que esta:
    o ser humano é um mendigo, sempre procurando,
        comendo, bebendo de tudo,
            sem nunca se saciar,
                insatisfeito, impaciente,
                    enquanto andarilho e peregrino.

O Heipo
    não morre de fome,
        mas de saudades
            da casa paterna.

O Heipo
    é o filho pródigo,
        voltando para a casa paterna.

O Heipo
    saiu de casa, perdeu-se,
        e agora quer de novo
            reencontrar-se.

Não importa
    a condição social de terráqueos.

        Somos todos mendigos

        voltando para casa.

Você se pergunta
        como é que um mendigo e andarilho,
            sem casa, sem lar, sem mala e sem nada,
                apenas seu corpo, seu espírito e alma,
                    consegue demonstrar alegria,
                        bom humor e entusiasmo?

O personagem Heipo
        é a contradição
            do que o mundo é,
                tem e oferece.

Há algo em nós
        que nos assemelha
            com nosso Paizinho Celestial.

Enquanto vivermos ignorando
        essa imagem e semelhança,
            a identificação com nosso Criador,
                seremos, sim,
                    como mendigos milionários,
                        que não sabemos gastar
                            a herança já recebida.

A busca e a identificação dessas semelhanças é que vai ocupar-nos nas páginas e no desenrolar dos títulos, linhas e entrelinhas deste livro.

Conhecendo o personagem Heipo, pelas diferenças e semelhanças, teremos oportunidade de olhar para dentro de nós mesmos, procurando encontrar e concentrar os esforços e investimentos no que de melhor existe em cada um de nós.

        O Heipo andarilho
          é o herdeiro de uma grande fortuna
          e anda por aí disfarçado de mendigo.

Veja bem, como de fato acontece na realidade, o Heipo herdeiro está realmente escondido, disfarçado de mendigo.

O Heipo andarilho
    é um personagem humano
        ou é um tipo de manifestação
          do ser humano que sente, pensa, avalia
            e se comove com os olhares que recebe.

O Heipo andarilho
    escolhe uma maneira de ser
        que se caracteriza
          como filosofia de vida bondosa,
            compreensiva, companheira,
              dialogante, atenciosa,
            receptiva, complementar,
                não obstante a sua fisionomia externa,
                  de maltrapilho, malvestido,
                  malcheiroso, desalinhado,
                  por fora.

Por dentro, tranquilo,
    sabedor da sua herança.

    O Heipo andarilho
        é 'um-mano', isto é, um irmão.

    Somos definidos e conhecidos
      como humanos,
        carregados de faculdades
         e capacidades
        que nos distinguem dos animais
        e, ao mesmo tempo,
      nos projetam para uma dimensão maior,
     acoplada à nossa natureza,
    que é a estupenda experiência
   da vida do espírito
inserido na nossa vida corporalizada.

O Heipo mendigo é bem diferente, meio estranho, muito humano e quase divino, meio artista e muito anjo.

3

O Heipo é herdeiro dos Céus

O Heipo
    é o feliz herdeiro,
        disfarçado de mendigo,
            curtindo desde já
                a herança celestial.

O Heipo é um andarilho na Terra,
    mas é também o herdeiro do Céu.

    O humano que vemos é a casca.

    O Heipo
        que não vemos
            é o herdeiro escondido
                nos trajes de mendigo.

Somos seres especiais
    com capacidades
        que ultrapassam
            nossa humanidade.

Somos os ricos herdeiros,
    vestidos ainda
        com trajes de mendigos.

O Heipo
    é herdeiro,
    o pobre-rico,
    o poeta e o profeta,
    o escultor da vida,
    escultor de artistas,
    escondido potencialmente,
    em cada pessoa normal,
    em sua condição humana.

> *"O maior pecado*
> *do ser humano*
> *é ignorar*
> *suas forças interiores,*
> *seus poderes criadores*
> *e sua herança divina."*
> Orison Swett Marden

Orison Swett Marden (26/07/1850 – 10/03/1924) foi jornalista, editor e escritor norte-americano. Nasceu em Thornton Gore, New Hampshire, EUA, e morreu em Los Angeles, Califórnia, EUA. Autor do livro *Empurrando para frente*.

Todo o livro do Heipo pode estar sintetizado nestas duas passagens do Novo Testamento, do Apóstolo São Paulo.

Iniciamos este texto com a transcrição da Carta aos Romanos, do Apóstolo São Paulo, inserindo algumas palavras minhas.

Primeiro argumento.

*"Com efeito,
não recebestes
um espírito de escravos,
para recair no temor,
mas recebestes
um espírito de filhos adotivos,
pela qual clamamos:
Abba! (que significa) Papaizinho.*

*O próprio Espírito Santo
se une ao nosso espírito
para testemunhar
que somos filhos
do Deus Pai.*

*E se somos filhos,
somos também herdeiros;
herdeiros do Deus Pai
e herdeiros do Jesus Cristo,
pois sofremos com Ele,
para também com Ele
sermos glorificados.*

*Penso, com efeito,
que os sofrimentos
do tempo presente
não têm proporção
com a glória
que deverá revelar-se em nós.*

> *Pois a criação,*
> *em expectativa*
> *anseia pela revelação*
> *dos filhos do Deus Pai".*
> São Paulo Apóstolo,
> Epístola aos Romanos 8,14-19

De fato, a criação toda,
    em todos os seus reinos, mineral,
        vegetal, mineral, animal e humana,
            foi submetida à fragilidade,
                à vaidade e à ganância,
                    deixando-nos desequilibrados.

Toda a criação
    e todos nós esperamos
        um tipo de libertação
            para entrar na liberdade
                da glória de filhos
                    do Deus Todo-Poderoso.

Suspiramos pela redenção
    de tudo o que está ligado
        à nossa vida aqui na Terra.

Suspiramos superar
    essa condição
        de mendigos e andarilhos
            e assumir logo
                a função de herdeiros.

Essa é a ambição humana e, ao mesmo tempo, missão divina do Heipo.

<u>Segundo argumento</u>

"Enquanto o herdeiro é menor,
embora dono de tudo,
em nada difere
de um escravo.

Ele fica debaixo
de tutores e curadores
até a data estabelecida pelo pai.

Assim também nós,
quando éramos menores,
estávamos reduzidos
à condição de escravos,
debaixo dos elementos do mundo.

Quando, porém, chegou à plenitude do tempo,
enviou Deus o seu filho,
nascido de uma mulher, nascido sob a lei,
para remir os que estavam sob a Lei,
a fim de que recebêssemos a adoção filial.

E porque sois filhos,
o Deus Pai enviou aos nossos corações
o Espírito do seu Filho
que clama Abba, (traduzido por) 'Paizinho'.

De modo que já não és escravo,
mas filho.

E se és filho,
és também herdeiro,

graças ao Deus Pai."
São Paulo Apóstolo,
Epístola aos Gálatas 4, 1-7.

Andarilhos somos no mundo,
    mas andarilhos conscientes
        de que já somos também herdeiros.

Como andarilhos
    fazemos experiências
        da precariedade,
            sem nos importar
                com tudo aquilo
                    que aparentemente
                        nos falta.

Contentamo-nos
    com o que temos,
        com o que já somos,
        com o que seremos.

Como andarilhos
    nos mantemos,
        procurando o Caminho,
            alimentados pela Esperança
                das verdades reveladas.

Como andarilhos,
    somos os herdeiros disfarçados,
        gastando antecipadamente,
            parte da fortuna divina,
                já à disposição dos humanos.

4

O Heipo quer recuperar valores perdidos

Queremos voltar a sonhar,
sair das gaiolas,
e, como pássaros livres,
reencontrar a liberdade
e voar, além de qualquer limite.

O que é que perdemos em nossa caminhada?

Perdemos a inocência original.

Necessitamos lembrar-nos, reeducar a consciência de que fomos feitos à imagem e semelhança com um modelo perfeito e eterno. Somos imagem e semelhança do Jesus Cristo.

Necessitamos nascer de novo, reaprendermos a ser humanos e divinos, a partir de uma imagem e de um exemplo que seja eterno e perfeito.

Convém começar tudo de novo, voltarmos a ser crianças e crescer, continuar sendo crianças ou viver com o espírito de infância.

Quem é que não sente
    saudades do tempo da infância?

Mesmo que as circunstâncias
    de pobreza e carências
        tenham estado presentes,

o tempo de infância
foi cheio de bons momentos,
de alegria e contentamento.

A felicidade
se apresentava com facilidade.
Qualquer coisa,
qualquer brinquedo
nos realizava.

Quando somos crianças
vivemos no mundo perfeito:
somos amados, acolhidos,
valorizados e respeitados.

Amamos e brincamos,
Experimentamos
e fazemos quase tudo
que gostamos.

Como é bom ser criança.

Com o tempo,
fomos crescendo
e fomos perdendo
a originalidade,
a espontaneidade
e a simplicidade.

O mundo bonito,
bom, gostoso,
alegre e descomprometido

        nos balançava
            nos braços afetivos dos pais,
                parentes, amigos e educadores.

Experimentamos
    o valor da amizade
        e das brincadeiras.

Degustamos o sabor
    dos pés de moleque,
        capilé, pirulitos, picolés,
            aventuras na chuva e na lama,
            nas trilhas das matas,
                nos rios e cachoeiras,
                    nos piqueniques e viagens.

Hoje, temos saudades
    daquele mundo
        em que recebíamos tudo de graça,
            sem saber ainda o salário
                que a maturidade nos cobraria
                    ou nos pagaria.

Mesmo assim,
    muitos valores lá atrás conquistados
        permanecem valendo.

Mas e o riso, as faces serenas,
    a transparência da inocência?

O nosso mundo atual perdeu a graça.

Poucas risadas,
    raras gargalhadas.

        O que foi que perdemos?

        Perdemos as graças?

        Que graças?

        Como era engraçada
    a nossa vida de crianças.
Engraçada, sim, cheia de graças.
Engraxada com graxa.

Lambuzada de doce.

    Há um mundo novo, infantil, aos nossos pés.

    Revisemos nossa vida.

    O que há de diferente
        entre quando éramos crianças
            e o hoje, quando somos adultos?

    O mundo das pessoas
        continua igual.

    Mas como gostaríamos de ser?

    O que gostaríamos de fazer?

Gostamos de conversar,

    divertir-nos, estudar, trabalhar
        e ser alguém querido e reconhecido.

Há um mundo sadio,
    saudável, alegre e digestivo,
        inteligente, criativo e bondoso,
            moderado ou mesmo sem limites,
                à nossa disposição.

Fruto de uma parceria
    que carrega a bateria
        com carga interna,
           de porções iguais
                ou desiguais, sempre bastando.

Não somos incapazes.

Não estamos nas condições
    de prisioneiros.

        Deixemos de lado
           a literatura falida,
                ateísta e fechada
                    nas muralhas
                        deste pequeno mundo.

      Nada nem ninguém há
          que nos segure neste impulso.

      Não somos escravos
          do que não aceitamos
              e não queremos.

Queremos voltar a sonhar,
      a deixar nossa imaginação voar,
           como pássaros livres.

Somos livres.

A liberdade é a autoridade
      que mantém viva a esperança
           nas promessas eternas.

Ninguém jamais conseguirá
      cortar as asas
           da liberdade
                e da esperança.

Despertamos
      de um estado
           sonolento, anestesiante.

Uma névoa
      encobria as verdades.

Os espelhos
      estavam embaçados.

Nossa face
      andava triste e deformada.

Nossos sonhos
      mal construídos.

Além das fronteiras, desejamos ir.

E nós vamos, sim, teimando
    contra o que dizem,
        falam e comprovam.

Não há autoridade competente
    que obrigue
        a manter a esperança calada.

É a esperança daquele que nada tem
    que acorda a rebeldia,
        ativando as potencialidades imortais
            da raça humana.

Além das fronteiras,
    existem espaços,
        planetas e astros
            nos quais ninguém ainda pisou.

É para lá que vamos.
    com a certeza
        de por lá ficar.

5

Quem sou, quem somos? Somos filhos

Somos filhos.
Não somos órfãos.
Somos filhos do Deus Criador,
nosso Pai, e participamos da sua natureza.

O Apóstolo São Paulo,
escrevendo aos romanos, afirmou:

"A criação toda
espera ansiosamente
a revelação dos filhos do Deus,
nosso Pai, Criador do Universo."
São Paulo, Epístola aos Romanos 8,19.

No Evangelho, o filho do Deus Eterno, que esteve aqui na Terra conosco, nos deu o poder de nos tornarmos filhos do Deus Eterno e participantes da natureza divina.

"A todos que O receberam,
deu o poder de se tornarem
filhos do Deus Criador."
Evangelho segundo São João 1,12.

Nós já participamos da natureza divina.

"Pois que o seu divino poder
nos deu todas as condições necessárias
... a fim de que vos tornásseis

participantes da natureza divina."
Segunda Carta do Apóstolo São Pedro 1,3-4.

Estamos num mundo onde a cultura que respiramos não permitiu que pensássemos e cultivássemos a nossa natural e sobrenatural filiação divina.

Ora, se somos imagem e semelhança com nosso Pai, o Deus Criador, é Ele, o Filho que esteve aqui na Terra, que é o nosso modelo e quem tem autoridade para ser exemplo a ser seguido.

Procurando nossa origem nesta Terra, como seres humanos espirituais, fomos encontrando respostas nos Evangelhos do Jesus Cristo e nas Cartas dos seus Apóstolos.

Não encontramos nenhuma outra fonte onde apoiar nossas convicções e esperanças.

Se não crermos que somos filhos do Pai, o Deus Criador, que fomos criados à imagem e semelhança com o seu Filho Jesus Cristo, e que somos objeto das suas promessas, não encontraremos o sentido para nossa vida aqui nesta Terra.

Por essas razões, coloco aqui, os argumentos e as bases para a construção de uma visão de vida conquistada pelo Heipo.

*"O mundo criado
aguarda ansiosamente
a manifestação
dos filhos do Deus Pai."*
Romanos 8,19

*"De maneira que já não é escravo,
mas filho, e se filho,
também herdeiro do Deus Pai."*
Gálatas 4,7

*"Vede que prova de amor
nos deu o Deus Pai:
sermos chamados filhos de Deus.
E nós o somos."*
1ª São João 3,1.

*"Desde já somos filhos do Deus Pai,
mas o que nós seremos
ainda não se manifestou."*
1ª São João 3,2

*"Assim já não sois estrangeiros e hóspedes,
mas concidadãos dos santos
e membros da família do Deus Pai."*
Efésios 2,19

*"Antes da constituição do mundo,
Deus nosso Pai
nos escolheu
na pessoa do Jesus Cristo
para sermos em amor,
santos e imaculados
aos seus olhos."*
Efésios 1,4.

*"Agradecei ao Deus Pai
que vos tornou capazes
de participar da herança
dos santos na luz."*
Colossenses 1,12

Onde iremos encontrar verdades verdadeiras como estas? Vede, portanto, que já foi revelado que o Deus é nosso Pai e que nós somos seus filhos.

Quando se pergunta: quem sou, quem somos, já sabemos onde encontrar a resposta.

Na Bíblia, no Novo Testamento, várias passagens ditas pelo Jesus Cristo afirmaram que o nosso Deus é o nosso Pai.

Somos filhos do Céu.
Somos filhos de um Deus
que é nosso Paizinho.

É a partir desse princípio que plantamos o fundamento de todo este livro: cada ser humano é filho do Criador do Céu e da Terra, é filho do Criador de todo o Universo.

Somos filhos do Deus Eterno, e herdeiros de todos os seus bens, incluindo a vida eterna e os jardins infinitos.

A partir dessas respostas, montamos uma filosofia de vida, escolhendo valores e modos de comportamento.

A pergunta provoca cada um de nós a fazer uma análise da nossa caminhada na vida.

A resposta que damos revela nossa posição e situação existencial.

Estamos vivendo como órfãos e terráqueos ou caminhamos na esperança de que, lá na frente, nós, os andarilhos, receberemos uma herança do nosso Paizinho, recompensas de valor incalculável e inesgotável.

Teria algo maior,

de mais valor,
para almejar, desejar e sonhar
aqui na Terra?

Ao olharmos para o mundo à nossa volta, para a cultura e modo de vida das pessoas, constatamos dois modos de viver, ou dois tipos de resposta:

a **primeira**
    é que uma grande parcela de pessoas
        vive como se tudo acabasse com a morte.

        Por este ponto de vista,
            a vida teria um ponto final.

a **segunda**
    é a de que uma grande parcela de pessoas
        vive a partir de uma boa notícia,
            vivida e prometida por Jesus Cristo,
                registrada no Evangelho.

O Cristianismo,
inaugurado pelo Jesus Cristo,
abriu as portas para o além,
para mais longe,
vencendo sobretudo,
os limites que a morte
tinha imposto.

O Jesus Cristo, filho do Deus Eterno,
morreu, mas ressuscitou primeiro.
E nós, se morrermos com essa esperança,
também ressuscitaremos.

> Por esse ponto de vista
> a vida continua,
> eternamente.

É essa a nova notícia que o Jesus Cristo trouxe aqui para a Terra e que chamou de Reino do seu Pai e nosso Pai.

Ele quis implantar essa nova cultura, nova política de convivência.

É um projeto fraterno,
> um caminhar construindo.

> É um ideal e uma aventura
>> para envolver todos os povos,
>>> todas as raças num único povo,
>>>> numa única família.

Portanto,
> a herança
>> nos é antecipada,
>>> na condição de vivermos
>>>> como filhinhos do Paizinho
>>>>> e irmãos uns dos outros.

Como é um projeto social, comunitário,
> a prática dessa filosofia de vida
>> é aplicada fraternalmente.

Vivendo na presença do nosso Pai,
> praticando os princípios da ajuda mútua,
>> como filhos e irmãos.

Como andarilhos,
    permanecemos sujeitos
        ao egoísmo e ao orgulho,
            ao poder e à ganância,
                ao sofrimento, à doença,
                    às fragilidades do caráter,
                        desânimo, pessimismo,
                            e à própria morte.

Tudo o que prejudica o próximo
    e não nos promove
        para a condição de irmãos,
            de herdeiros de bens eternos,
                são dificuldades
                    a serem superadas.

Tudo aquilo que nos prejudica como irmãos
    e nos impede de conquistar
        uma condição de vida digna
            de filhos e herdeiros
                do reino dos Céus
                    deverá ser objeto
                        de planejamento estratégico
                        político e social.

Uma criatura renovada
    é o ideal a ser buscado,
        planejado e executado,
            que perpassa todas as páginas
                deste livro do Heipo.

Não vejo nenhuma outra porta aberta
        para vivenciar todos esses valores disponíveis,
            a não ser seguindo o exemplo
                e os ensinamentos do Jesus Cristo.

Vivermos já como filhos adotivos
        do nosso Deus, que é o nosso Pai,
            Pai Nosso, Pai de todos.

E todas as ferramentas
        e condições estão disponíveis,
            a qualquer momento.

        Essa é a nossa vocação,
            de filhos, destinados para a vida eterna,
            um destino sobrenatural,
                que ultrapassa as capacidades da inteligência
                  e das forças da vontade das pessoas.

Dependeu e depende integralmente
da iniciativa gratuita do Pai Criador,
Onipotente, Bondoso, Misericordioso e Amoroso.

        A graça da filiação divina
            é o dom gratuito
                que o nosso Pai
                    nos faz da sua vida.

Ele, ao criar-nos, pensou em nós,
        como participantes
            da sua natureza eterna.

Na carne da fragilidade humana,
    viajamos como andarilhos,
        mas esperançosos,
            na herança prometida,
                na participação dos planos eternos
                    do nosso Pai.

O nosso Pai Amoroso,
    criador do Céu e da Terra,
        nos criou e convocou
            para participar
                da vida Dele.

Já nos deu todas as condições,
    todos os dons e todas as ferramentas.

A resposta agora depende de cada um de nós.

Por isso, não responder,
    não ingressar na fraternidade,
        não entrar neste time, neste projeto,
            é condenar-se a si mesmo,
                é permanecer na órbita da recusa,
                    na escolha da omissão,
                        na teimosia do fechamento,
                            na ilusão do orgulho
                            e do egoísmo individual.

Só existe, enfim,
    uma escolha errada,
        a recusa,
            a não aceitação
                da proposta.

É tão grande essa responsabilidade pessoal com o Deus da Vida, que te convocou e chamou a participar da vida dele, e te deixou com a possibilidade de você mesmo decidir-se pelo destino da sua vida.

Existem dezenas de frases na Bíblia, reforçados com inúmeras passagens do Catecismo da Igreja Católica, onde essa realidade é explicitamente revelada, abertamente exposta, para nosso conhecimento.

Existem muitas citações no Evangelho, o livro das boas notícias, que podem auxiliar nessa determinação em gravar essas verdades com letras de aço ou de ouro na nossa consciência.

>Revelações
>>já foram feitas.

>As verdades
>>já foram comunicadas.

>As convicções
>>ainda estão a caminho
>>>para serem enraizadas.

>Tal pai, tais filhos,
>>diz o provérbio popular.

Dezenas de vezes, lemos nos Evangelhos que somos filhos do Deus, que é nosso Pai e Criador dos Céus e da Terra.

Rezamos na Oração: "Pai nosso que estais nos **Céus**, santificado seja vosso nome, venha a nós o vosso reino...".

Então, mãos à obra. Alegremo-nos e vamos nessa.

5.1.- Tal Pai, tal filho

**São as semelhanças
que identificam parentesco.**

Nós, humanos,
    já possuímos algumas qualidades
        de poder infinito:
            a capacidade de conhecer;
            a capacidade de amar;
                e a capacidade de perdoar.

    Essas capacidades
        são mais bem experimentadas
            por aqueles que se consideram, de fato,
                já, filhos e herdeiros dos bens Dele.

    Essas capacidades
        são ilimitadas
            porque, para conhecer
                o nosso Pai Criador,
                    o Deus Infinito e perfeito,
                        Uno e Amoroso,
                        somente poderíamos conseguir
                        se Ele nos desse esse poder.

    Não dizemos 'tal pai, tal filho'?

    Não são as semelhanças
        que identificam o parentesco?

Está aqui a confirmação
      de que o Heipo andarilho,
           disfarçado de mendigo e maltrapilho,
              é responsável pelos
                    bens que nosso Paizão dos Céus
                      nos delegou.

Temos a capacidade de conhecer,
      que já é infinita,
           e a capacidade de amar
              sem limites.

Esses atributos do Deus Pai
      já estão à nossa disposição.

E a terceira qualidade
      com potencial e alcance infinito
           é a capacidade de perdoar.

Jesus disse:
      "Assim como eu vos amei,
           amai-vos uns aos outros e,
              assim como eu vos perdoei,
                  perdoai-vos uns aos outros."

Veja, são dons divinos.

Nós, humanos,
      fazemos parte dos personagens,
           como sujeitos e objetos
              de todo o planejamento
                  e obra da criação.

Fomos elevados
    à dignidade existencial
        por sermos imagem e semelhança
        com o Deus Criador.

Ainda mais,
    carregamos a dignidade
        de ser 'lugar de morada'
        do Espírito Santo,
           do Deus invisível,
                mas presente e atuante
                      fora e além do alcance
                      e poder dos nossos olhos.

Somos e fomos criados
    para sermos filhos do Pai Eterno e,
        finalmente, herdeiros das propriedades
        e valores celestes.

Quer mais do que isso?

Veja bem,
    como de fato acontece na realidade,
        o Heipo herdeiro
            está realmente escondido,
                disfarçado de mendigo.

Ninguém nos contempla
    com este olhar.

Não estamos falando

  em símbolos,
    mas em participação
      no plano do Criador.

Fazemos parte do mundo do Deus Pai Criador,
  como criaturas,
    criadas para participar
      na obra divina.

Já temos a participação
  no Jardim que Ele pediu
    para administrarmos.

O Heipo
  é aquela graça,
    aquele jeito de ser
      que nos assemelha e identifica
        com o Paizinho do Céu.

O filhinho anseia,
  deseja, sonha e tudo faz
    para ser igual ao seu Paizinho.

O Heipo
  é aquele personagem
    já quase divino
      que se manifesta
        na pessoa humana
          que é consciente
            de ser Filho do Pai Celeste.

5.2.- Filhinhos do Paizinho dos Céus

O Heipo é um ser afetivo,
nascido do Deus Amor.
O Heipo é filhinho do Paizinho Eterno.

O Heipo
      vem para o palco
      quando entra na profundidade
      do seu próprio ser,
      onde está escondida,
      empoeirada ou sufocada,
      a saudade eterna
      do Paizinho do Céu.

      A saudade do Paizinho Amoroso
           é aquela sutil insatisfação
                que sentimos de vez em quando
                      perante esta vida que vivemos,
                          e que nos faz perguntar
                              pelo sentido da vida
                                  e pelo preenchimento
                                      do vazio eterno
                                      que existe
                                      na intimidade
                                      do nosso coração.

      Mais do que de qualquer outra necessidade,
           nós humanos somos seres afetivos,
                e sem um relacionamento afetuoso
                      com nosso Paizinho dos Céus,

      estaremos sempre longe
        de qualquer tipo
          de realização.

O Heipo
  é o filho do Paizinho Eterno,
    escondido ainda na sua personalidade,
      apresenta-se de diversas formas.

O Heipo se apresenta
  como poeta, artista ou anjo,
    como profeta ou como escultor,
      ou até mesmo como mendigo,
        e andarilho no mundo,
          muitas vezes carente
            e, outras vezes, satisfeito,
              quase completo.

Somos nesta Terra
  como os andarilhos e mendigos
    andando pelas estradas da vida,
      desconhecendo a grande verdade:
        que somos herdeiros
          de uma grande fortuna.

Deus nosso Pai
  investiu em nós, como filhos seus,
    como tesouros, e nos cumulou
      de bens, de dons, de graças,
        já para esta vida
          e para a vida eterna.

A vida que temos,
a vida que somos,
é um tesouro.

Nos sentimos e reconhecemos,
ainda imperfeitos, mas já somos,
em grande parte, perfeitos,
pois estamos equipados
com ferramentas especiais,
de filhos do Paizinho Eterno.

O Heipo
insiste que a pessoa humana
é a imagem, a semelhança,
o símbolo do Pai do Céu na Terra.

E esse ser,
o Deus, o nosso Pai,
não é um gênero literário.

Não é uma ficção.

Não é um personagem de literatura
para crianças ou para os adultos.

Muito do que somos
revela nosso Criador,
nosso Pai.

E muito do que não conhecemos
em nós e nos outros,
revela a falta de conhecimento
que temos do nosso Pai.

6

Quem sou? Quem somos? Somos herdeiros

Sem qualquer notícia e esperanças,
sem conhecer o grau de parentesco,
chega-nos uma notícia:
de que somos credores
de uma herança inesperada.

Eis os termos, o conteúdo da herança:

"Mas, quando a bondade e o amor do Deus Pai e do nosso Salvador Jesus Cristo, se manifestaram, ele salvou-nos, não por causa dos atos justos que tivéssemos praticado, mas porque, por sua misericórdia, fomos lavados pelo poder regenerador e renovador do Espírito Santo, que ele ricamente derramou sobre nós por meio do Jesus Cristo, nosso Salvador, a fim de que fôssemos justificados pela sua graça, e nos tornássemos <u>herdeiros</u> da esperança da vida eterna."
Tito 3,4-7, Bíblia de Jerusalém.

Que extraordinária e surpreendente notícia essa de que fomos promovidos a filhos e herdeiros do Criador do Universo.

Se já caiu a ficha, se de fato somos os herdeiros, sejamos agradecidos e estejamos preparados para receber e administrar os bens que nos cabem.

Somos herdeiros de bens
    ou de responsabilidade?

        Se for de responsabilidade, se assim for,
            já é eterna a responsabilidade
            que nos está sendo dada.

Como herdeiros,
    herdamos os bens
        e herdamos junto
           a responsabilidade
              pelos bens recebidos.

O que cabe a cada um de nós
    é administrar esses bens
        e passar adiante os tesouros
           de tal forma que todos os outros
              possam beneficiar-se desses valores.

Receber heranças humanas
    é caminhar em direções diferentes
        daquelas de receber heranças divinas.

Como herdeiros
    dos valores do nosso Pai dos Céus,
        recebemos algumas qualidades
           e responsabilidades divinas.

Às responsabilidades grandes
    correspondem
        capacidades proporcionais.

O Universo
    é uma grande empresa.
        O Criador, nosso Pai,
           é o dono dela.

E nós, seus filhos, imaturos,

e por demais inseguros,
    teimosos e resistentes,
        não estamos muito a fim
            de conhecer e aceitar
                essas responsabilidades.

Nosso erro, nosso pecado,
    é desobedecer, não aceitar o convite,
        não querer viver como filhos do Pai Celestial,
            por ignorância, por desconhecer
                o projeto redentor
                    do seu filho Jesus Cristo.

Nosso Deus, nosso Paizinho,
    deve ter uma profissão inimaginável
        para a nossa pequena cabecinha.

Vamos desenvolver esse tema ousando e atrevendo construir comparações com o que conhecemos.

Qual profissão
    caracteriza mais acertadamente
        o nosso Deus, nosso Paizinho querido?

Não temos a pretensão
    de reduzi-lo,
        nem O definir,
            mas sim
                a de fazer uma tentativa
                    para aproximá-lo mais
                        da nossa realidade,
                        de tal forma

       que possamos apreendê-Lo,
       obedecer-lhe e conviver com Ele.

Que tal imaginarmos
  nosso Deus Criador,
    nosso Paizinho,
      como o Arquiteto,
       o Cientista,
        ou o Jardineiro
         do Universo?

Tenhamos orgulho
  de sermos filhos
    do criador de mundos,
      decorador do Universo,
       construtor e modelador dos mares,
        montanhas, estrelas, planetas e galáxias,
        e criador de pessoas à sua imagem e semelhança.

Então, escolhamos a figura
  do Jardineiro, mais conhecido,
    mais simples e mais próximo de nós.

Depois da criação do Jardim,
  do mundo físico,
    o Deus, nosso Pai,
      criou o homem e a mulher
       à sua imagem e semelhança.

A figura paterna
  seria a mais acertada, certamente,
    pois é bem por aqui,

pela filiação, pelos laços afetivos,
que mais nos aproximamos
e nos identificamos com Ele, como filhos.

Estamos envolvidos dentro do mundo,
num projeto, desde o início da História,
obedecendo a uma ordem Dele:

"Dominai a terra
e tudo o que nela contém."
Livro do Genesis 1,28.

A partir da obediência
a essa ordem,
fica clara a nossa profissão
de filhos e colaboradores
do Grande jardineiro.

Humanos e curiosos,
humanos e impotentes,
humanos, sim, mas filhos
do dono do mundo.

Não podemos admitir
que na raça humana
haja entre homens e mulheres,
total indiferença ou apatia
em relação a tudo aquilo
que nos diz respeito
nesta Terra ou fora dela.

O que existe dentro dela,

  vai, lentamente,
    sendo decifrado, conhecido,
      domesticado, iluminado
        humanizado e divinizado,
          transformado num nível superior,
            no definitivo padrão de perfeição.

O que existe fora da terra
  é o espaço, isto é,
    a parte maior do jardim,
      que não temos
        condições de ajudar,
          porque como filhos, estamos ainda crescendo,
          aprendendo e evoluindo.

Na administração
  do grande Jardim do Universo,
    ainda nos faltam
      as ferramentas apropriadas,
        ainda não temos maturidade para ajudar.

Somos simples alunos,
  rebeldes, incapazes,
    matriculados nos cursos a distância.

Estamos todos juntos,
  embarcados num planeta
    que viaja a mais de 107.000 quilômetros
      por hora ao redor do sol.

Essa medida equivale
  a mais de dois milhões

       de quilômetros por dia.

Além de jardineiros,
       somos viajantes.

Sabia disso?

       Nós somos viajantes do espaço
            desde o começo da nossa história.

       A nossa galáxia
            gira em torno de um grupo de galáxias
                 na velocidade de 300 quilômetros por segundo.

       E ainda existem os planetas
            estrelas, sóis e astros,
               todos em movimento,
                   viajando continuamente.

       Imagine o tamanho deste Universo.
            E nós estamos viajando nele,
               junto com ele.

       Imaginem:
            nós temos que tomar conta
               deste Universo em movimento.

       Por enquanto
            nem sabemos direito
               onde está o leme.

       Ainda bem que o comandante

é nosso Pai, o Paizão do Céu.

Ele comanda tudo,
    com a total tranquilidade
        e segurança,
            pois que é o Criador,
                o Cientista construtor,
                    o Jardineiro competente,
                        equipado com todas as ferramentas,
                        em perfeitas condições de uso.

Se ainda não estamos envolvidos como pilotos,
    estamos envolvidos como caronas,
        desde a data do nosso nascimento.

É este Universo todo
    que nos está prometido
        como herança.

Será que teremos
    capacidades suficientes
        para sermos pilotos ou copilotos?

Essa reflexão, com estes dados, é necessária para percebermos o tamanho das dimensões, o que nos aguarda como filhos, cientes e obedientes.

Estamos morando atualmente
    no terceiro planeta
        dos nove que giram
            em torno do sol.

O nosso sol

é apenas uma estrela
    dentro de outras bilhões
        espalhadas na nossa galáxia,
            conhecida por Via Láctea.

A Via Láctea
    é uma dentro de outras bilhões
        de galáxias existentes no Universo.

Nossa Terra, essa bolinha,
    viaja em torno do sol,
        demorando trezentos e sessenta e cinco dias
            para completar a volta.

E nessa volta acontecem para nós
    as quatro estações
        do inverno, verão,
            primavera e outono.

E esta terrinha na qual estamos
    gira em torno de si mesma,
        fabricando os dias e as noites.

E esse girar
    em torno de si mesma
        dura 24 horas.

Esse girar e essas horas
    nós nem vemos,
        nem percebemos,
            mas está acontecendo.

A Terra gira,
    em torno de si mesma,
        a uma velocidade
            de vinte quilômetros por segundo,
              e nem percebemos o vento
                  soprando os nossos cabelos.

De tão grande que a Terra é,
    nem conseguimos perceber
        que ora estamos embaixo,
            ora estamos por cima.

Nem mesmo nossos cabelos
    ficam em pé
        quando estamos virados
            de cabeça para baixo.

Ou melhor,
    nós nunca sabemos
        quando é que estamos
            de cabeça para baixo.

Vocês já pensaram nisto, no tamanho da terrinha e do Universo?

A organização
    desta bolinha,
        a Terra, é tão perfeita
            que o mar não se derrama
                e os objetos não caem,
                      nem ficam circulando
                          no vácuo.

Tudo subordinado e obediente
    à sabedoria organizacional
        do supremo Cientista,
            nosso Paizinho querido.

A nossa curiosidade
    pode ser satisfeita
        porque temos a capacidade racional,
            a ferramenta da pesquisa
                e a sede insaciável
                    da procura por respostas.

O que é decepcionante
    para o ser humano,
        dotado de capacidades,
            de conhecimento e compreensão,
                é fazer esforço desordenado
                    que o leva à dispersão das energias.

Quando isso acontece,
    há o cansaço, o desânimo,
        a frustração e a depressão.

O que desequilibra o ser humano
    é o egoísmo, que o centra em si mesmo,
        provocando a miopia, focando apenas o umbigo
            do seu mundinho pessoal.

Este é um dos desequilíbrios
    do ser humano:
        apegar-se à pequenez
            do seu mundinho pessoal

     e ignorar a grandeza
       da sua própria herança.

Só a verdade
  acalma e liberta o ser humano.

Portanto,
  a lógica a seguir é esta:
    colocar-se a caminho
      das descobertas e dos princípios
        que conduzam à posse
          das verdades fundamentais
           e definitivas.

    E a verdade é esta:
    Deus é nosso Pai,
   e nós somos seus filhos.
    Deus é nosso Pai
   e o dono dessa empresa,
   e nós somos os herdeiros.

Pela manhã, quando jovens,
  fazemos perguntas sérias
    e importantes;
      e só à tardinha da vida
        é que buscamos as respostas.

Fazer perguntas
  e ir atrás delas
    é despertar o filho-filósofo
      que existe em todo ser humano
        capacitado para pensar.

Quando não sabemos usar
    as ferramentas que dispomos,
        desperdiçamos energias.

Quantas verdades escondidas,
    ignoradas ou desprezadas,
        que poderiam ter provocado decisões
            que certamente
                nos teriam feito andar
                    por estradas diferentes,
                        evitando conflitos pessoais,
                        familiares e mesmo conflitos
                        e guerras mundiais.

Passamos a vida
    enfrentando e vencendo
        desafios.

Quando estamos preparados
    e capacitados, dizemos:
        "Pois que venham".

Ainda dentro dessa reflexão sobre nossa filiação divina, perguntamo-nos sobre o tempo. Como é que nós, terráqueos, vivemos no tempo, e vós, nosso Pai Eterno, vive na eternidade? E nos promete a eternidade.

Uma das grandes questões
    que fazem cócegas
        em nossa imaginação,
            e aciona a partida
                da nossa curiosidade,

                    é o tempo.
   Estamos no tempo
      e dentro do tempo,
         e sofremos
            a influência do tempo.

Somos e existimos no tempo. Dominamos o tempo e, ao mesmo tempo, nos sentimos escravos dele.

Uma pergunta e uma revelação incomodam a consciência de cada um de nós.

A pergunta: o que temos feito com o tempo?

A revelação: o tempo foi dado a cada um para construir a eternidade ou para transformar-se em um ser eterno.

   No dia do nosso nascimento,
      embarcamos na nave terra,
         que viaja no espaço infinito.

   Ninguém comprou passagem
      nem teve oportunidade
         de escolher o destino.

   Ninguém nos perguntou,
      nem informou,
         o motivo da viagem:
            férias, negócios
               ou o sentido da vida.

   De qualquer forma,
      estamos embarcados,

e viajando.

E não há como descer
da nave.

Nem sabemos
onde descer.

Mas ainda há tempo
para decidir
o destino que queremos.

Dentro da nave,
nascemos, crescemos,
estudamos, trabalhamos,
sempre juntos
com outros passageiros.

Dentro dessa perspectiva, somos viajantes.

E viajamos dentro do túnel do tempo.

Gostaríamos de fazer uma tentativa
para manter o tempo dentro de um estojo.
Mas, mesmo que conseguíssemos colocar o tempo dentro de um balão,
dentro de uma caixa de aço, o tempo não permaneceria preso.

Ele não é algo material.
Nem invisível ele é.
Está solto.

O tempo só está aqui, no tempo temporal.

Fora da Terra, só existe o infinito, o eterno.

Só dentro da Terra o tempo é algo que medimos.

Quem não pensa
    e não pesquisa sobre a eternidade
        não terá condições de comparar,
           refletir, meditar e concluir
                que o tempo é uma ferramenta
                    para se eternizar.

Para nos adaptar
    a esta dimensão temporal
        que nos envolve,
           a curiosidade
                aciona a criatividade.

Com ela, vivemos criando
    aparelhos e ferramentas
        que nos possibilitem administrar
           essas condições e situações
                do mundo todo.

Somos, de certa forma,
    jardineiros multifuncionais.

Procuramos uma bússola
    que nos oriente
        neste Universo infinito.

Tudo o que está dentro da Terra
    é finito.

E tudo o que está fora da Terra
      é infinito, pertence
           à eternidade.

O Céu é infinito.

Não queremos nos sentir perdidos neste espaço que ocupamos.
Necessitamos de referências que permaneçam.

A que tempo ou em que idade apareceram as primeiras curiosidades?

As respostas nos convenceram ou nos domesticaram?

Ampliaram o porta-malas das nossas interrogações ou reduziram?

Educaram-nos ou mantiveram lacunas sobre o desconhecido.

O que nos causa admiração
é usarmos tão mal nossas forças racionais e espirituais.

Algumas poucas pessoas e alguns poucos gênios e cientistas
conseguiram, com esforços próprios,
avançar e administrar a capacidade
de puxar o futuro para o presente.

Por que nos esconderam as coisas grandes?

Por que não nos ensinaram as leis da sabedoria?

Por que não nos disseram,
desde pequenos, que deveríamos evoluir sempre,
sem parar, evoluir constantemente?

Será que foram nossos predecessores, impotentes professores?

Será que podemos culpar os outros?

Ou a falha está em cada um de nós que resiste,
que se acomoda na busca de conhecimentos
e aperfeiçoamento das ferramentas?

                    Onde perdi meus laços
                        com o infinito?

                        Onde enterrei
                    meus tesouros eternos?

                    Quem foi que me perdeu?

A curiosidade se pergunta sobre a existência de algo mais,
que não seja passageiro, que seja permanente,
que responda às nossas expectativas de filhos do Eterno.

Algo bem maior
       está lá fora,
             fora do tempo,
                 bem maior
                        do que as coisas pequenas
                            que aqui vemos
                                e com as quais
                                    nos acostumamos.

Se não nos perguntássemos sobre a eternidade,
estaríamos sendo coerentes com nossa natureza terráquea.
Mas, se temos uma natureza divina, se somos filhos,

vamos atrás do nosso Pai.

Uma das grandes alegrias que temos
    é experimentar a sensação
        de estar e ser alguém
            dentro do Universo.

Quantas maravilhas nesta vida.

    Tantos valores
        para serem degustados.

        Quantas pessoas bondosas
        e cheias de talentos
        exercendo coerentemente
        suas profissões
        de serviço à humanidade.

        Quantas paisagens lindas.

Quanta ternura
        nos animais de estimação.

    Quanto afinamento
        nas vozes dos pássaros.

            Quantos dons e talentos
                em nossas crianças, jovens,
                    adultos e idosos.

    E isso tudo é presente,
        presente gratuito do nosso Pai.

Tudo foi feito para nós.

E nós estamos a aprender
 a degustar todos esses valores.

Será tudo isso apenas componente
 da nossa caixa de ferramentas?

Não serão todos esses elementos,
 animais, pessoas,
 reflexos da bondade e sabedoria
 do nosso Pai, nosso Criador?

As criaturas todas
 concorrem para o bem
 daqueles que amam o seu Pai,
 o Criador do Universo.

Aí está a fonte e origem
 da alegria do Francisco de Assis,
 olhando para todas as criaturas
 obras do nosso Pai
 como irmãs.

Eis aqui uma fórmula gratuita
 para degustação diária.

Não é possível
 permanecer indiferente,
 diante de tanto reflexo,
 diante de tanta beleza

                    que a natureza revela
                    do nosso Pai,
                                Criador da Terra e dos Céus,
                                criador do Universo finito e infinito.

Tudo o que o nosso Pai fez
        no Universo é bom.

É bonito. É lindo.
        É maravilhoso.
                É saudável. É proveitoso.

                É sagrado.
                São presentes,
                mensagens do amor do Pai
                para os seus filhos.

E nós, seus filhos, com gratidão, cantamos:

"Oh Deus e Pai,
Tua imensidade
        enche a Terra
        e todo o Universo.

Mas o Universo
        não pode Te conter,
                ainda menos a Terra,
                        ainda menos o mundo
                                dos nossos pensamentos.

Como és grande,
        Pai nosso.

Tu que és o Pai de todos nós,
    dá um jeito para que aprendamos
        a decifrar e a curtir tuas mensagens.

Não, não é preciso que sejas direto.

Somente nos ensine a interpretar.

Gostamos de ser vossos filhos
    e queremos corresponder
        à vossa bondade
            e misericórdia infinitas
                através da correta interpretação
                    das vossas mensagens.

Desculpai nossa cegueira,
    nossa dificuldade
        em acreditar.

        Temos esperanças
            de que continuarás
                para sempre,
                    sendo Pai
                        e relembrando
                  as já velhas mensagens,
              e enviando novas vozes
            através da natureza toda,
          através dos nossos irmãos,
        cientistas, filósofos, teólogos,
      poetas, compositores,
músicos e artistas.

Tu nos deste tudo por herança,
    e deste-nos também a vós próprio,
        como Pai Criador e bondoso."

        Herdeiros, sem méritos,
            sem merecimentos, de graça, gratuitamente.
            Caiu do Céu essa herança.

7

Qual a nossa origem?

**Estamos à procura
da nossa origem sobrenatural.
O Heipo é curioso.
Quer respostas:
— De onde viemos?**

Não viemos da Terra, não, não e não.
    Não somos só terráqueos.

    Nascemos, sim, nesta Terra.

Nossa verdadeira origem
    não é apenas natural,
        mas verdadeiramente sobrenatural.

Se somos criaturas sobrenaturais,
    ultrapassamos nossos conceitos
        e conhecimentos naturais.

Passemos, então,
    a viver
        como seres sobrenaturais.

O homem e a mulher
    somos produtos naturais

    aqui da Terra,
        mas somos também
            criaturas sobrenaturais,
                filhos do Deus Eterno,
                    criados e planejados
                        para sermos de lá,
                        lá do Céu,
                        lá onde mora
                        o nosso Paizinho querido,
                        o Criador de tudo que existe.

Vivenciamos
    a dimensão humana e terráquea
        naturalmente,
            como frágeis e mendicantes,
                buscadores de algo permanente e eterno.

Enquanto estamos na Terra,
    vivemos como mendigos, e andarilhos.

A imagem e semelhança
    com nosso Criador
        atesta nossa consciência,
            em não aceitarmos
                a condição finita,
                    destinados a morrer,
                        a desaparecer para sempre.

Pelas capacidades racionais
    e espirituais que temos,
        e que nos distinguem,
            não aceitamos

       limites ou finitudes.

Pela capacidade especial,
  espiritual,
    que atesta nossa consciência,
      despercebidamente escondida,
        dentro da dimensão terráquea
         foi plantada uma semente
           para germinar um ser
            projetado
              para ser eterno.

A insatisfação existencial,
  a experiência que fazemos
    da não completude,
      provam essa tese.

  Amigo que é amigo
    não nos deixa na mão.

  Há um mundo novo,
    feito e prometido pelo Filho Eterno
     que aqui esteve e disse:
      "Vou preparar-vos um lugar.
      Na casa do meu Pai há
      muitas moradas...".
      Evangelho segundo São João 14,2.

O Heipo,
  mendigo e andarilho na Terra,
  acredita nessa promessa
  deste Amigão, Irmão eterno,

e, por causa Dele,
aceita naturalmente
a condição de mendigo,
sabendo-se herdeiro
de um lugarzinho no Céu.

      É um mundo desconhecido,
      mas queremos acreditar
      nas palavras Dele.

      Pois quem tem mais autoridade,
      veracidade e credibilidade?
      "A quem iremos Senhor?
      Só Tu tens palavras
      de vida eterna."
      Evangelho
      segundo São João 6,68.

O Heipo
    pode ser mendigo,
        mas, se acreditar nessa frase,
           pela esperança
              na sua realização,
                será, naturalmente,
                    um mendigo diferente,
                        degustando já, agora,
                          um bem
                          a ser recebido
                          futuramente.

É um ideal a ser procurado,
    relacionando-nos

    com tudo o que de bom existe,
      destinado para a leitura,
        descoberta, assimilação
          e curtição.

O Heipo é o personagem que representa e carrega o que de melhor existe em cada um de nós.

As esperanças,
    expectativas,
      sonhos, ideais e promessas
        que, como mendigos,
         levamos em nossa mochila
           são tesouros que carregamos,
            sem saber o seu real valor,
            por estarem dentro de conceitos
            que ainda nos apresentam
            como mistério.

Um mistério
    que vai sendo decifrado aos poucos,
      porém acreditado e vivenciado pelo Heipo,
        o personagem que vive escondido,
         dentro de cada um de nós.

Aos poucos,
    devido às dificuldades
    para decifrar os segredos,
    os códigos da natureza
    e do cosmos,
    as distâncias infinitas,
    e a leitura do mundo invisível

ainda desconhecidos.

Aos poucos,
> Porque a nossa natureza racional,
>> é ainda limitada.

Lentamente
> vamos adquirindo e desenvolvendo
>> as capacidades que revelam
>>> sermos mais que aparentamos
>>>> pois fomos feitos para algo mais.

7.1.- Nossa origem é sobrenatural

Não somos somente seres humanos, terráqueos.
Somos seres celestiais.
Olhamos para o Céu,
com saudades
de onde viemos.

Se um dia acontecer
    de eu ficar estranho,
        ou esquisito,
            tipo extraterrestre,
                não ligue.

    Ache graça e sorria.

Se um dia acontecer
    de ficar meio diferente,
        fora de mim,
            estranho ou esquisito,
                descartem
                      todas as possibilidades doentias.

Se acontecer,
    acreditem,
        será em decorrência
            de ter entrado
                numa órbita diferente.

Será a consequência
    de ter percebido

    um vislumbre,
        uma faísca
            da grandiosidade,
                do meu próprio mistério
                    e do nosso Pai do Céu.

Ele quase se mostra
    para o filho curioso.

Pasmado diante
    do pôr de sol,
        ou das múltiplas tonalidades
            de cores do entardecer,
                quase O vejo.

Extasiado, miro a face das pessoas,
    vislumbrando, nas expressões de bondade,
        reflexos indecifráveis,
            da imagem do Criador, nosso Pai Eterno.

As pessoas,
    e a natureza toda
        em harmonia,
            gritam, explodem de alegria,
                querendo revelar o Artista.

Analfabeto,
    iletrado nas ciências das perfeições,
        desperta em mim a capacidade
            pequena e imperfeita
                de querer admirar algo maior
                    que meu entender consegue.

Esse dom que não é meu
    parece coisa emprestada,
        que não sei manusear
            quando me ponho a admirar
                esse Universo Infinito,
                    igual a uma orquestra afinada,
                        unidade compreendida
                            como beleza e ordem, perfeita,
                            dentro da multiplicidade
                            de elementos.

Essa emoção,
    essa quase experiência
        é um experimentar infinito
            dentro de um corpo finito,
                humano, e que muitas vezes quase explodiu
                    por ter ficado em estado de êxtase,
                        como que "fora de mim"
                        ou, no mais profundo arrebatamento
                        da minha identidade,
                        na mais radical experiência
                        de finitude,
                        ou na infinita experiência
                        de já antever a realidade
                        de filho do Pai do Céu.

Se acontecer
    de ficar demasiado tempo
        olhando para cima,
            para o céu estrelado e infinito,
                acreditem de verdade

    que estou sendo
      transportado lá para cima.

E, se lá eu ficar,
  não queiram me buscar,
    e nem terei pressa para voltar.

    Entendam-me e invejem-me.

    É o Heipo expressando-se.

    É a minha mais profunda
      e verdadeira natureza:
        livre e eterna.

Não permitam que eu esqueça
  que sou e somos herdeiros
    das qualidades e dos bens Dele.

O Heipo
  é um extraterrestre
    que constrói a sua nave
      aqui na Terra,
        e quando morre
          vai nessa nave, até o Céu,
            onde está a sua definitiva morada.

7.2.- Perdida a origem, perdida a finalidade

Se somos seres extraterrestres,
    vindos lá da eternidade,
        é para lá que convém
            reorientar nossa bússola.

Se nos perdemos no caminho,
    voltemos de onde viemos
        e nos reencontraremos.

Quando se perde a origem,
    perde-se a finalidade.

O Heipo pode estar doente ou desequilibrado,
fora do seu eixo gravitacional ou deslocado da sua órbita.

Estamos demais ocupados e preocupados
com nossas faculdades racionais,
e descuidamos da nossa essência afetiva.

Estamos mostrando, por nossas ocupações, preocupações e doenças, que estamos, sim, ocupados demasiadamente, com o desenvolvimento das nossas capacidades intelectivas, racionais, econômicas, financeiras e produtivas, todas voltadas para a conjugação do verbo ter, todas relativas a este mundo.

Mas estamos felizes?

Se nossa origem é lá em cima, nas estrelas, na eternidade, é para lá que convém voltar o foco das nossas atenções, pesquisas e ações.

Quanto custa

aperfeiçoar essa outra metade do Heipo,
    afetiva, carente e eterna,
        mendigando reconhecimento e eternidade?

Qual escola está preocupada
    com a educação,
        da dimensão,
            dos valores do Heipo?

            É a nossa, a de hoje,
                na qual estamos vivendo?

Tornamo-nos ferramentas
    que se medem
        pela eficiência e eficácia.

Quando não há
    uma preocupação igual
        pelo desenvolvimento
            das nossas capacidades afetivas e espirituais,
                ocorrem consequências negativas
                    e desastrosas para a nossa vida.

Se ontem ou até pouco tempo
    a razão tinha a última palavra,
        hoje a consciência despertada
            é que pode dizer,
                com toda autoridade:
                    "eu sou". "Eu sou eterno". "Algo em mim é eterno".

Buscar o equilíbrio
    e a harmonia

    das nossas faculdades
     humanas e divinas
      é o que sonha
        o personagem Heipo.

O Heipo quer ser o remédio certo,
  incorporando vitaminas,
    sendo apoio, saída,
     uma válvula
       na panela de pressão.

Despertar a consciência
  é a meta certa,
    para cada pessoa,
     ser o que é na sua essência.

O viver, o sentir, o saborear, o degustar,
  o admirar, o contemplar, rezar, adorar,
    confiar, esperar, crer, amar,
     dançar, cantar, pular, jogar, correr,
      subir nas árvores,
       andar na chuva,
        dar risadas, brincar, pescar,
        assobiar, imitando os pássaros,
        brincar com o cachorro,
        admirar os peixes no aquário.

Todas essas atitudes
  e comportamentos
    estão na esfera do ser,
     do ser Heipo.

O Heipo sonha
      em não deixar sem presença
          e sem amparo
              nem um só
                  dos corações humanos.

E, quando o Heipo é atrofiado,
      sufocado, desvirtuado
          e despersonalizado, ele procura
              compensar o vazio, no desvio.

As reações de inconformismo
      é o jeito do Heipo reagir
          a tudo o que não responde,
              ao sentido da vida,
                  de origem afetiva e eterna.

Quando uma pessoa
      desconhece o Heipo,
          ignora o ideal da vida,
              acostuma-se com a rotina
                  e vai vivendo
                      de qualquer jeito,
                          acostumando-se
                              com as lamentações,
                              com as tristezas,
                              com o pessimismo
                              e com o derrotismo,
                              achando que é normal.

Torna-se uma pessoa insatisfeita,
      dividida, desnorteada, pesada,

    e com nada e ninguém
      encontra companhia
        que lhe satisfaça
          por muito tempo.

Não amada,
  sem saber amar,
    torna-se insegura,
      vive como órfã,
        sem pai nem mãe,
         sem irmãos,
           sem companheiros
             de caminhada.

Quando uma pessoa
  desconhece o Heipo que a habita,
    sente-se incompleta,
      porque ignora a natureza
        e a razão de viver,
        e se acostuma
          com a rotina,
           e vai vivendo
             de qualquer jeito.

A pessoa
  que não ativa o Heipo
    na sua personalidade,
      torna-se insatisfeita,
        dividida, desnorteada, pesada.

Quem não vive
  com a boa personalidade do Heipo,

        com ninguém encontrará companhia
           que lhe satisfaça.

Se você não libertar
     o seu Heipo, ele se fechará,
        ele se guardará
           e você não sentirá mais,
               deixará de vibrar,
                    esquecerá de cantar,
                        perderá a graça
                            em tudo o que sentir,
                                pensar e fizer.

Nessa condição
     experimentará a limitação,
        a angústia, a depressão,
           os desequilíbrios,
               pois que não alimentará
                    a sua personalidade espiritual.

Não podemos nos acostumar
     a curtir a vida
        sem sentir o verdadeiro sabor
           desta vida.

A pessoa que não despertou
     o Heipo em sua vida pergunta-se:
        onde está o encanto da vida?

É aqui que o Heipo se encontra num estado de inconformismo, em que se sente fora da realidade, sonolento, sonhando, perguntando-se, confrontando-se com as coisas deste mundo.

Sentiu alguma certeza ou convicção, ou emoção até agora?

Se não sentiu nada ainda, continue abanando a poeira que a rotina deixou acumular no seu Heipo.

Você percebeu que o Heipo existe e está vivo, ou, pelo menos, admite que ele vive.

Essas qualidades estão na raiz e na essência de existir do ser humano consciente, que busca sua identidade e seu destino eterno.

8

Somos seres abertos para a dimensão infinita

**Procuramos uma porta
que nos leve para o infinito.**

**O desafio é acreditar
e aventurar-se,
fazer experiências
de aberturas.**

No Heipo andarilho
    existe a capacidade
        de crescer até o infinito.

Nós, humanos,
    não conseguimos experimentar ainda
        um limite para **as** nossas capacidades.

Jamais encontramos alguém que tenha dito:
    'já atingi o limite das minhas capacidades'
        ou 'encontrei uma porta intransponível'.

        Felizmente não existe essa limitação
            ou essa barreira para nós, humanos.

    A limitação faz e não faz parte
        da nossa experiência.

As limitações são para nós
      provocações e desafios.

As limitações existiriam
      caso não fôssemos equipados
          com as faculdades
              e capacidades espirituais.

As ferramentas que temos
      são capazes de ultrapassar
          qualquer limitação
              ou trave, ou parede, ou muro.

A história prova
      que estamos sempre em via
          de aperfeiçoamento.

Este é o nosso 'destino':
      estarmos destinados à perfeição,
          pois que somos imagem e semelhança
              com o nosso Pai,
                  Criador de tudo o que é
                      e cabe dentro do Universo.

              E, como filhos,
              é natural que tenhamos alguns traços
              da personalidade do nosso Pai.

O Heipo andarilho
      é aquela parte de nós
          que tem sede de ser aperfeiçoada.

Nasceu fraco,
    incompleto e imperfeito,
        mas se sente capaz de se fortalecer.

        Possui as ferramentas para superações.

O Heipo andarilho
    é simplesmente humano
        com possibilidades
            de adquirir capacidades
                supra-humanas.

É um humano simples,
    mas é, ao mesmo tempo, um divino,
        composto de três naturezas:
            animal, humana e divina.

Percebemos a característica superior
    da pessoa humana
        quando ela demonstra
            ter consciência dos valores
                que lhe são próprios,
                    como a capacidade
                        de ter consciência
                            de que é um ser especial.

Experimentamos limitações e fragilidades,
    mesmo assim persistimos.

Obstáculos provocam
    e despertam nossas forças.

O Heipo andarilho
    é o ser humano consciente
        de estar equipado
            com capacidades superiores
                e espirituais
                    que possibilitam a prática
                        do aperfeiçoamento
                            constante e ilimitado.

Essas percepções,
    como consequências,
        fazem-nos sentir
            o que é ser herdeiro
                do Reino do nosso Pai;
                    fazem-nos sentir
                        o que é estar equipados
                            com todos os talentos e poderes
                            do 'dono da Empresa',
                          do Criador, o nosso Pai.

No Heipo andarilho,
    existe a capacidade
        de crescer até o infinito.

    Nele está escondida detrás das suas roupas
        uma força interior semelhante a uma semente.

    A semente explode de dentro para fora.

    Somos uma potência para nós,
        e para os outros.

O Heipo é místico,
    filho da dona Terra
        e do Senhor dos Céus.

    É o personagem místico,
        que mistura as coisas boas da Terra
            com as coisas perfeitas do Céu.

O Heipo é terráqueo com potência
    capaz de atender a muitas expectativas,
        até além das fronteiras.

    Plantados aqui,
        quando a casca desgastar,
            a semente explodirá.

    A nova criatura,
        de dentro da semente
            que vai explodir,
                nasce para outro espaço,
                    não mais para a Terra,
                        por não caber dentro dela,
                        mas para o infinito,
                        onde o espaço é ilimitado
                        e onde cabe
                        nossa sede e vontade
                        de viver para sempre.

O Heipo
    é aquela qualidade divina
        que se instala na pessoa humana

desde o seu nascimento,
que o faz olhar para cima,
olhar para o alto, para o Céu,
procurando ver no espaço infinito,
a sua Pátria definitiva.

8.1.- Onde estamos?
No caminho, procurando o homem novo, o Heipo

Estamos bem aqui,
em uma esquina,
diante de dois caminhos.

Se até aqui seguimos
a cultura do mundo,
agora chega-nos às mãos
um mapa.
O mapa da mina.
O mapa da verdade.

Se até agora fomos iludidos, explorados e aprendemos lições que não nos levaram a lugar nenhum, agora temos a verdade iluminada, que coloca luzes no nosso novo caminho.

Se até agora não tínhamos um farol, agora temos.

A tese que queremos refletir neste capítulo é que existem dois caminhos, bem distintos: um trilhado por aqueles que não acreditam em nada além da morte, além deste mundo, e os caminhantes, os andarilhos, os Heipos, que têm fé, que acreditam na vida e nas promessas do Jesus Cristo, e que sonham com a herança eterna.

Decorrentes desses dois caminhos
são criados estudos de pesquisas,
teorias de comportamento,
indústrias criativas,
de entretenimento,
literaturas
de consumo.

Andamos ora em um,
ora em outro caminho,
e nos envolvemos
com estes dois tipos de literatura,
um para a Terra,
e o outro para o Céu.

        Um caminho, com um tipo de cultura
        que leva ao individualismo,
        visando fortalecer o ego
        no relacionamento.

Como consequência, mantemo-nos fechados, com a visão muito curta, impossibilitando-nos de olhar para mais longe, mais alto e mais profundamente.

    Outro caminho
    quer ensinar e demonstrar
    que o amor ao próximo,
    o serviço gratuito,
    a solidariedade,
    mesmo com prejuízo pessoal,
    são a norma fundamental.

O presente capítulo levanta algumas constatações e interrogações.

É importante para nós, nesta parte do livro *Heipo*, focar nosso olhar e a reflexão nas questões a seguir, primeiro para nos manter atentos, alertas, questionadores e buscadores de respostas definitivas, e, em segundo lugar, para percebermos como a rotina nos mantém na superfície, atrofia nossa visão, acomodando-nos, mantendo-nos prisioneiros, num mundo sem saída e sem esperanças.

Em qual dos dois caminhos estamos?

    Estamos a andar
        no caminho do ainda não.

            Ainda não chegamos.

            Ainda não somos
                o que devemos ser.

    Parece mesmo
        que muitos de nós
            só nos alimentamos
                de promessas.

    Estamos famintos,
        mas não reclamamos.

Olha aqui para baixo, Paizinho.

Nesta Terra,
    não percebemos muitos sinais
        do vosso reino,
            mas não desistimos.

            Com sede e com fome,
           procuramos constantemente
                um alimento
           que aumente a nossa esperança
            e fortaleça a nossa fé.

Só do vosso filho Jesus

conseguimos ouvir
com autoridade:

> *"Eu sou o Caminho,*
> *a Verdade e a Vida.*
> *Ninguém vai ao Pai*
> *a não ser por mim."*
> São João, 14,6

> *"Eu sou a Porta.*
> *Quem entra por mim*
> *será salvo."*
> São Joao 10,9.

Se acreditais nisso e caminhais nesta esperança,
> **"grande será**
> **a vossa recompensa**
> **nos** Céus."
> Lucas 6,26.

Um povo que nada é virá a ser.

Que estranhos
e esquisitos estes caminhos.

Caminhos de paradoxos.

Caminhos de contradições.

Caminhamos na esperança
de que os dois caminhos
se deem as mãos.

Somos criaturas renovadas.

Há um jeito novo,
    revolucionário, de ser.

É só escolher
    entre ser um homem velho,
        mantendo os velhos hábitos,
           ou um homem renovado.

        Pare. Pegue a Bíblia,
        abra no Novo Testamento,
        e procure a Epístola do São Paulo
        aos Efésios, Capítulo 4,17-24,
        e releia várias vezes.

        Resumindo:

"Nele aprendemos
a remover
o nosso modo de vida anterior,
do homem velho,
que se corrompe...
e a renovar-nos
pela transformação espiritual,
revestindo-nos do Homem Novo,
criado segundo o Deus Pai,
na justiça e santidade da verdade."

        A verdade
        já foi revelada,
        pois já foi dito,

antecipadamente,
o que somos e seremos.

As fundamentações dos textos escritos neste livro estão enraizadas em diversas fontes: na Bíblia, principalmente nos Evangelhos e nas Cartas Apostólicas, no Catecismo da Igreja Católica, livros e fontes verticais, permanentes, firmes e eternas.

O que mais poderia
    o ser humano receber
        para colocar
            dentro da sua mochila,
                para ser usado como ferramenta
                    e começar a gastar
                        a parte da herança
                            já recebida antecipadamente?

Nesta Terra,
    estamos todos equipados
        ou em condições de nos equiparmos
            dos dons divinos, disponíveis,
                se quisermos usufruir deles.

O Heipo
    é a pessoa
        que vive curtindo
            essas verdades do Cristianismo vivo,
                do Cristianismo redentor
                    que divulga as revelações
                        e as promessas
                            de vida eterna.

Vivemos nesta vida
    em função de um depois.

Mas se constrói o depois já,
    aqui, no agora.

        E essa aventura
      não é uma aventura pessoal.
    É um projeto comunitário de um povo todo.

    Desde o começo da humanidade,
    ainda no Antigo Testamento,
    o profeta Moisés
    recebeu os Dez Mandamentos
    para comunicar ao povo
    a Aliança que o Deus Eterno
    decidiu fazer conosco,
    e estabeleceu as condições
    para que essa Aliança
    se mantenha.

    E essas condições,
    os mandamentos,
    resumem-se em considerar
    e amar o Deus Pai Criador
    acima de todas as coisas,
    a origem e o fim da história
    e da vida terrena e da vida eterna.

    Este projeto
    é executado
    considerando os outros

como filhos Dele
e irmãos nossos.

Onde estamos?

Estamos diante de dois caminhos.

Convém decidir com uma resposta responsável.

8.2.- Duas naturezas. A humana e a divina

De onde viemos? Qual nossa origem?
Antes de nascer na Terra,
nascemos no Céu, na eternidade.

Temos dupla nacionalidade.
Dupla cidadania.

Dois princípios orientam nosso viver,
ajudam-nos a compreender
nossa dupla natureza,
humana e divina.

Para que o Heipo consiga evoluir e expressar-se simultaneamente dentro da dimensão humana e divina, vamos expor e aprofundar um pouco dois princípios de origem teológica. São princípios da ciência conhecida como Teologia Cristã, elaborada por Santo Tomás de Aquino, e que se expressa nos termos a seguir.

São Tomás de Aquino (1225 – 07/03/1274). Foi filósofo, teólogo, escritor e sacerdote dominicano italiano. Nasceu em Roccasecca, Reino da Cicília, Itália, e morreu em Fossanova, Estados papais, Itália. Viveu 49 anos. Seu maior mérito foi elaborar a síntese do Cristianismo. Sistematizou o conhecimento teológico e filosófico da sua época. A partir dele, a Igreja tem uma Teologia fundada na revelação e uma filosofia fundada no exercício da razão que se fundem numa síntese definitiva: fé e razão unidas em sua orientação rumo ao Deus Eterno. Não pode haver contradição entre fé e razão. Ele procura demonstrar a existência do Deus Criador com o uso da razão. Leia seus escritos.

Primeiro princípio: '<u>A graça supõe a natureza.</u>'

A Graça supõe a natureza.
    Significa que na primeira dimensão,

a física e corpórea, teremos de desenvolver
    todo nosso potencial humano,
        tudo o que compõe nossa natureza,
            para estar em condições
                de absorver o estágio superior,
                    da graça divina.

A maturidade humana
    aperfeiçoa-se ou consegue caminhar
        para degraus mais elevados
            na medida em que a pessoa
                se abre e se entretém
                    com as realidades divinas.

Quando deixamos de resistir,
    e aceitamos essa possibilidade
        e nos abrimos a ela,
            aceitamos a existência
                da dimensão invisível,
                    que, mesmo sendo uma realidade desconhecida,
                      nos aventuramos na trilha da fé,
                          numa situação psicológica
                          de insegurança,
                          não nos dando condições
                          para a certeza,
                          porque a razão
                          não alcança totalmente
                          esse patamar.

Não alcança ou deixa escapar.

    É difícil clarear com palavras.

A alternativa que nos resta
é criar condições para manter abertas
as portas ou as possibilidades para tal realidade.

É um esforço para criar
   as condições psicológicas,
      existenciais e sobrenaturais,
         que possam ser 'eventualmente' satisfeitas.

Usando outro argumento,
   o argumento da teimosia,
      não vamos desistir
         só porque não entendemos.

Mas, para que a graça divina
   consiga agir em nós,
      convém entrar
      com a parte que nos cabe,
         isto é, aperfeiçoar a natureza humana.

É melhor e mais meritório
   partir para essa proposta
      e manter-se aberto e vivo
         do que desistir
            e enterrar possibilidades
               comprovadamente realizadas
                  através da vida dos mártires,
                 santos e grandes personalidades
                 da nossa história.

        Caminhar

    com insegurança e esperança
   resulta em melhores condições psicológicas.

  Há mais entusiasmo, alegria e suavidade.

Abrir-se e aceitar a realidade
  da dimensão divina, invisível,
    inserida na nossa vida
      desde toda a eternidade,
        é condição de fracasso
          ou sucesso existencial.

Basta comparar a literatura,
  os livros, a vida das pessoas
    que acreditaram e das pessoas
    que não acreditaram.

Convém estudar as duas categorias
  e comprovar o que estamos escrevendo.

    O Apóstolo São Paulo escreveu:
     "Decidiu Deus,
   na sua bondade e sabedoria,
  revelar-se a si mesmo e dar a conhecer
    o mistério da sua vontade".
    Epístola aos Romanos 16,25-26.

Existe uma neblina
  que impede a visão clara
    de certas realidades e dimensões
      nas quais estamos envolvidos.

A dificuldade
está no fato de que só enxergamos
o que tocamos.

    E só damos valor
        ao que cai nos nossos sentidos
            e que provocam experiências concretas, palpáveis, cheiráveis,
    gustativas e sensitivas.

    Nossas experiências
        com os substantivos concretos
        são fáceis de aceitar e compreender.

As realidades
    ou mensagens espirituais, invisíveis,
        carregadas de mais alguns elementos
            de complexificação
                exigem bem mais empenho
                    das nossas faculdades
                        racionais e espirituais.

Para que possamos acompanhar
    a lei da evolução
        e nosso aperfeiçoamento,
            na escalada,
                em busca da natureza divina,
                    algumas ferramentas
                        ou capacidades novas
                            teremos de aprender.

    Novas ferramentas
        requererem o aprendizado,

treinamento de novas habilidades.
para serem praticadas
e começarem a surtir efeitos.

Mas ainda estamos no campo do natural.

O Heipo
está tentando sintonizar
a última dimensão,
invisível,
religando-nos
ao essencial
e definitivo,
ao eterno.

O segundo princípio da Teologia, criado por São Tomás de Aquino, expressa-se nestes termos:

'A Graça supera a natureza e a aperfeiçoa.'

Tratando-se do nosso Pai do Céu,
bondoso e misericordioso,
sua maneira de amar
supera a nossa pobre
e fraca natureza,
e a aperfeiçoa,
dando-nos
a oportunidade
de divinizar-nos.

Eis aqui a porta que se abrirá após a superação dos obstáculos humanos, ou junto com eles.

Eis aqui a chave da porta de entrada para a vida eterna, com a qual conquistaremos a realização das nossas capacidades.

    O que vem de cima é de graça.

É bem aqui que vamos entender como o nome do nosso Pai do Céu é amor. Deus é amor.

Mesmo que racionalmente
não vejamos nenhuma saída,
nenhuma porta
para os problemas radicais
da humanidade,
a crença ou a fé no Deus Pai
Criador do Céu e da Terra
nos garante,
através das suas promessas,
uma Vida Eterna,
superando, aperfeiçoando
e levando à perfeição
a nossa frágil natureza.

    Mas convém lembrar
    o primeiro princípio teológico:
    a graça divina supõe, necessita,
    que exista uma natureza
    disponível, aberta,
    em condições de receber,
    cargas de eternidade.

    E assim estamos nós,
    no palco da vida,

como artistas anônimos,
ou como anjos,
e como o Heipo, acordando.

    A tarefa não será fácil,
    pois teremos de transformar,
    aperfeiçoar nosso agir,
    promovendo na Terra
    ações ou maneiras de ser
    como deve ser lá no Céu
    querido e desejado por nosso Paizinho.

        As ferramentas
        são iguais para todos,
        mesmo que com profissões diferentes.

            As pessoas
            têm a missão de transformar
            a paisagem e o cenário da Terra
            de tal forma que adquira
            forma e semelhança
            com as ações do nosso Paizinho,
            o Cientista, o Artista por excelência.

    Será difícil implantar
    a mentalidade divina,
    paterna, misericordiosa,
    carregada de justiça e amor,
    mas deverá chegar o tempo
    em que a facilidade seja natural.

    Se não conseguirmos

essa façanha superior,
que pelo menos possamos
criar algumas coisas
que sejam amostras
ou referências celestiais.

A primeira condição
para adquirir essa mentalidade
ou essa sabedoria que participa
da ciência criadora do nosso Pai
é o esforço para assimilar
alguns princípios superiores.

Dentro do segundo princípio teológico,
que a graça divina
supera a natureza humana
e a aperfeiçoa, recebemos o dom
e a presença do Espírito Santo
em nossa alma, em nosso espírito,
em nosso ser, imagem e semelhança
com Ele.

Além dos anjos que nos auxiliam,
o próprio Deus Espírito Santo
reside em nossa alma, em nosso ser.

"Ou não sabeis
que o vosso corpo é templo
do Espírito Santo, que está em vós
e que recebestes do Deus Pai?"
1 Coríntios 6,19.
e

*"Aquele que guarda
os seus mandamentos
permanece em Deus e Deus nele;
e nisto reconhecemos
que ele permanece em nós,
pelo Espírito que nos deu."*
1 João 3,24

e

*"Vós não estais na carne,
mas no espírito,
se é verdade
que o Espírito do Deus
habita em vós,
pois quem não tem
o espírito do Jesus Cristo,
não pertence a Ele."*
Romanos 8,9

e

*"Se alguém me ama,
guardará a minha palavra,
e o meu Pai o amará,
e nós viremos e faremos nele
a nossa morada."*
João 14,23

Quanto mais nos esforçarmos
    para conhecer, pesquisar,
        adquirir e viver
           as virtudes necessárias,
                e conviver com o Deus Espírito Santo,

tanto mais perceberemos a voz divina
que sussurra na brisa suave.

Poderíamos perguntar
qual das ciências
é a mais importante:
as ciências humanas
ou a sabedoria
da ciência divina?

Não nos deixemos iludir
separando as duas ciências.

Convém unificar
a ciência humana
com a sabedoria divina.
Não nos tornamos divinos
deixando de ser humanos.

Convém tudo fazer
para desenvolver
todo o potencial humano,
aproveitando todos os dons
que já nos foram concedidos
para nos aproximarmos da
dimensão divina, invisível.

Ainda somos humanos.
E continuaremos
sendo humanos
até a última hora.

Mas já estamos equipados
com novas ferramentas.

8.3.- O Heipo tem sede, sede insaciável

**Minha alma
tem sede.**
Salmo 41

O Heipo tem sede
    do Infinito.

O Infinito é o único lugar onde o Heipo cabe.

Nada pode prender,
    sufocar ou destruir um espírito
        em que vive o Heipo,
            que está desperto, vivo e ativo.

Não tem água
    que sacie nossa sede.
        Estamos sempre em busca
            de uma fonte definitiva,
                que sacie a sede insaciável
                    que existe em nós.

O Heipo tem sede do Infinito.

    O Infinito é o único lugar onde o Heipo cabe.

    Nada pode prender,
        sufocar ou destruir o espírito
            que vive no Heipo vivo,
                desperto e ativo.

8.4.- O Heipo tem fome de eternidade

Nem só de pão
vive o homem.
Mateus 4,4.

O Heipo tem fome.

Essa fome necessita de alimentos.

    Fome de viver profundamente,
        por isso é meio esquisito, ansioso,
            com ar de quem
                está sempre procurando
                    e nunca encontrando.

O Heipo tem fome,
        fome de plenitude
            por isso é meio esquisito, ansioso,
                sempre procurando,
                    e nunca encontrando.

Cada pessoa humana
        quer viver mais do que experimenta.
            Deseja algo que seja eterno.

E sonha também conhecer
        o Criador deste Universo infinito.

Temos fome, sede e saudades
        do nosso Pai Celestial.

9

Quais são os princípios de vida do Heipo?

No mar da vida,
    o Heipo se orienta
        olhando para alguns faróis
            levantados nas altas montanhas
                dos ideais.

O Heipo escolhe princípios
    de orientação de vida.

        Com quais princípios
            conseguiremos conquistar
                tão altos ideais?

                      Quais são esses princípios?

Somos uma união perfeita
entre corpo e espírito.

Somos matéria física espiritualizada.

Não é a matéria que permanecerá para sempre.

Nosso corpo desaparecerá.

Voltará a ser pó das estrelas.

É o nosso espírito livre,
    nossa alma,
        que permanecerá para sempre,
            viverá na imensidão do Universo,
                viajando, explorando o infinito Universo.

Então é essa a personalidade que temos de aperfeiçoar, colocá-la em condições de evolução.

É para isso que estamos na Terra.

Para evoluirmos em direção à eternidade,
    temos em nós uma usina de forças,
        uma vida dinâmica,
            movida por princípios.

Convém conhecermos esses princípios, conhecendo-nos a nós mesmos.

Sem o conhecimento desses princípios, sem o uso consciente dessas forças, dons e talentos que temos, não evoluiremos.

Permaneceremos apenas no nível de humanos.

    Convém conhecer melhor
    quem somos para evoluirmos
    em direção àquilo que podemos ser.

9.1.- O princípio do espírito

A essência do Heipo é espiritual.

    O espírito é perfeito
    porque é uno.

    O espírito é uno
    porque é perfeito.

Há em nosso ser
    um motor, uma força dinâmica,
        um princípio de vida que é espiritual,
            imaterial, indiviso, perfeito.

Em nossa essência,
    nossa natureza maior,
        nosso distintivo
            e nossa dimensão especial
                é espiritual, perfeita.

        Algo em nosso ser
        já é de natureza eterna,
        poderosa.

Somos movidos pelo espírito.

    É o espírito que dá a vida.

        Um espírito eterno nos habita.

       Somos definidos e conhecidos
       como humanos,
       carregados de faculdades
       e capacidades
       que nos distinguem dos animais
       e, ao mesmo tempo,
       nos projetam para uma dimensão maior,
       acoplada à nossa natureza,
       que é a estupenda experiência
       da vida do espírito
       inserido na nossa vida corporalizada.

Somos uma vida,
    sem distinguir e separar
        corpo do espírito
           ou espírito do corpo.

A dimensão espiritual
    na qual a natureza humana
        está enxertada
           é extraordinária.

Nessa riqueza
    é que o Heipo tem o objetivo
        de investir, pesquisar
           e acima de tudo vivenciar,
               aqui e agora,
                   como herança a ser gasta,
                       antecipadamente.

A espiritualidade
    é a dimensão superior

equipada com a potência de conhecimento,
aceitação e/ou superação das imperfeições
de todas as nossas capacidades humanas.

No corpo,
experimentamos limitações,
cansaço, dores, a atração pela terra,
e a tendência inconsciente à finitude.

Nas faculdades espirituais,
habitam, potencialmente,
expectativas, esperanças
e desejos infinitos.

É exatamente porque somos
seres espirituais
que temos força e capacidade
para superar
os problemas que aparecem.

A espiritualidade
é esse espírito,
esse motor adicional
que nos capacita a pensamentos
e ações de superação de fases e etapas.

O espírito é poderoso,
é o motor da evolução.

A dimensão espiritual
nos capacita para as conquistas
de outros reinos.

    A constatação de que o ser humano
        é dotado de uma alma
            disponibiliza recursos extraordinários
                pelos quais superamos
                    quaisquer outros obstáculos
                        da natureza animal e humana.

É a alma
    que caracteriza e capacita
        o ser humano-animal
            a superar a sua natureza humana.

O Heipo Andarilho, em todas as linhas e entrelinhas, tentará demonstrar a natureza divina escondida como semente, dentro da natureza humana.

Cabe-nos a tarefa de interpretar personagens humanos que procuram desenvolver, na medida possível, suas capacidades, oferecendo aos olhos dos outros nossos irmãos o que possa haver de mais belo, comovente, motivador e mensageiro de complementação, não obstante as limitações e incompletude atual.

9.2.– O princípio da unidade

O mundo conhecido é um só.
O Universo é um, mesmo que seja multiverso.
A pessoa, corpo e espírito, é um só.
Deus trino é um.

> É na unidade
> que encontramos o modelo,
> a forma da perfeição.

Observemos os fatos, os acontecimentos, as fusões, as histórias nas quais a questão da unidade se fez presente e quais consequências produziram.

O poder da unidade é pouco pesquisado e pouco aplicado porque ainda estamos sendo divididos, desviados das usinas produtoras de unidade. Estamos ainda sob o regime de escravidão das ideologias escravizadoras.

Estejamos atentos, conscientes desse princípio de unidade, de eficiência e perfeição, que pode muito bem ser mais profundamente pesquisado, estudado e aplicado em nossa vida.

Veja um exemplo: a natureza, na sua diversidade, é uma só. Cada elemento colabora para que todas as coisas cumpram suas tarefas, auxiliando umas às outras.

Dentro da natureza, os diversos reinos, mineral, vegetal e animal, todos colaboram para a sobrevivência dos seres humanos.
E os seres humanos, conscientes, agradecem à mãe natureza, unidos, buscando cada vez mais o ideal da unidade, construindo a paz entre todos os povos.

Sejamos inteligentes.
Busquemos a unidade.

O ser do Heipo é uno.

É uno porque comandado
    pelo espírito que é uno e que unifica.

        O espírito é perfeito porque é uno.

        O espírito é uno porque é perfeito.

O Heipo
    é a expressão
        da unidade interna,
            da harmonia conquistada
                pela firme decisão
                    de um ideal de bondade
                        e fidelidade.

O Heipo insiste que somos uma unidade.

Se estudarmos o homem, chegaremos à conclusão de que cada um de nós é uma síntese do Universo.

Nele, em cada um de nós encontram-se todos os elementos físicos e químicos, e a consciência de nós mesmos, de onde viemos, para onde iremos, quem somos e o que estamos fazendo aqui.

Isso tudo é um imenso poder:
o poder da onipresença.

    Nossa velha mania dualista,
        separatista, indelevelmente

desorganiza nossa unidade substancial.

>Aquilo que está dividido
>>desperdiça energias,
>>desvia-se, perde-se,
>>esgota-se e desaparece.

Estejamos atentos a toda ideologia que separa, que cria e motiva conflitos, sempre almejando dividir para ser mais fácil explorar as energias dispersas, as consciências não esclarecidas.

Aqueles que promovem ações em vista dos princípios da unidade, de reunir para unir, sempre vão se orientar pelos princípios da justiça e da verdade, não com violência, mas estratégica e pacificamente.

Não sejamos iludidos na Terra, pois somente com princípios transcendentais conseguiremos a força da unidade suficiente para elevar-nos acima das forças terrenas.

A verdade absoluta, transcendente, é que nos une a tudo e a todos. Qual é essa verdade? – É o amor, a única força capaz de nos projetar para os Céus.

> Se há um ideal a ser buscado juntos,
> é o ideal da unidade.

> Somente quando todos estivermos unidos,
> em direção a um único ideal,
> seremos de fatos irmanados,
> destinados à filiação divina,
> à fraternidade cósmica,
> e ao merecimento
> das heranças eternas.

O Heipo
    é a expressão da unidade interna,
    da harmonia conquistada
    pela firme decisão
    de procurar
    o ideal da simplicidade,
    da verdade, da bondade e da justiça,
    valores essenciais, que são bons para todos.

    Busquemos a ocupação
    de achar a pérola preciosa
    do Heipo uno.

9.3-. O princípio da inocência original

Fomos criados por um Deus
que é um Paizão amoroso, todo-poderoso.

Fomos criados
à imagem e semelhança
de um Pai que ama todos os seus filhos.

Na nossa origem, criaturas do Deus amor,
só poderíamos ser criaturas especiais,
inocentes, puras e perfeitas.

A lógica no nosso relacionamento
com nosso Paizinho é de filhinhos queridos,
criancinhas simples, naturais,
espontâneas, despreocupadas
e confiantes.

Se houve um pecado original,
ele foi resolvido pelo Projeto Redentor
do nosso salvador Jesus Cristo.

Fomos lavados, purificados.

Somos criaturas novas, renovadas.

Nesta minha tese,
acho que já superamos
o problema do pecado original,
já recuperamos o poder original,
através do Projeto Redentor do Jesus Cristo,

não por nossos meios
mas por mérito e obra do salvador, Jesus Cristo.

    O Heipo deseja ser
    uma pessoa adulta,
    com espírito de infância,
    um filhinho obediente,
    chegadinho ao Papaizinho.

Nas andanças, nas correrias, nas pressões da cultura do mundo, perdemos algo,
perdemos nossa originalidade.

Mas há um meio de recuperarmos
nosso espírito, nosso eu original.

Enfrentemos a aventura
de nascer de novo.

O Heipo é a criança rebelde
    que permanece no adulto.

        O Heipo
        é o adulto
        que preserva
        a inocência,
        a espontaneidade,
        o encantamento.

Nos Evangelhos das Boas Notícias, está escrito:
    "Em verdade vos digo:
    se não mudardes
    e não voltardes

a cultivar
as qualidades
próprias das crianças,
de modo algum
entrareis no reino dos realizados,
e, portanto, não desfrutarás
das alegrias mais puras
e, infelizmente,
perderás os maiores dons
que lhes foram destinados."
Adaptado das palavras do Jesus Cristo,
segundo o Evangelho do São Mateus 18,3-4.

Em verdade vos digo:
    se não mudardes
        e não voltardes a cultivar
            as qualidades próprias
                das crianças,
                    tereis dificuldades
                        para entrar
                            no reino dos realizados,
                            e não desfrutareis
                            das alegrias mais puras,
                            e perdereis os maiores dons
                            que vos foram destinados.

•

O Heipo
    é a criança,
        a inocência original,
            que se manifesta
                na pessoa adulta.

O Heipo
    é aquela parte do adulto
        que permanece criança.

O Heipo
    gosta de expressar-se
        sem censura e sem rodeios,
            pois é autêntico,
                é o que aparece por fora,
                    revelando o que é por dentro.

É aquela parte da criança
    que permaneceu inocente,
        íntegra e original,
            e continua viva,
                atuante, no adulto.

A maioria de nós, adultos,
    somos tão assustados,
        tão civilizados,
            que acabamos inventando
                uma porção de disfarces
                    e máscaras para nós mesmos,
                    e saímos pela vida
                    com um ar sério,
                    agindo com imponência,
                    e chamamos a isso ser adultos.

O que é que anda errado
    no mundo dos adultos?

    Por que admiramos e invejamos

o mundo das crianças?

Por que deixamos de brincar
    como as crianças?

Por que queremos apressar
    que as crianças e os jovens
        venham para nosso mundo de adultos?

Não somos mais os ídolos
    nem despertamos paixões
        nos pequeninos.

Eis nós aí, adultos,
    com nosso trajar adulto,
        ocupados com serviços adultos,
            apressando os pequeninos
                para que se tornem adultos
                      o mais depressa possível,
                          querendo que venham
                              para onde estamos.

Ao mesmo tempo,
    invejamos as crianças
        por serem ainda crianças,
            vivendo a dimensão
                da gratuidade.

As crianças,
    os adolescentes e os jovens,
        já com boa carga
            de conhecimentos adquirida,

    na sua natural teimosia,
      percebem em nossos semblantes
        algo incoerente
          e se assustam,
            opondo resistências.

E com extraordinária clarividência,
  as crianças e os jovens
    nos perguntam:
      — Que mundo é esse
        de vocês, adultos,
          que tanto desejam
            que nós passemos para ele?

O mundo juvenil
  opõe resistências,
    porque não há muitos atrativos,
      e, além de tudo,
        testemunhamos pouca alegria
          por estar no mundo adulto.

  Quem está certo?
    Nós, adultos, ou as crianças,
      os adolescentes e jovens?

O Heipo
  sempre teve o bom senso
    e o grande dom
      de continuar sendo criança,
        na criança,
         criança no jovem,
          criança no homem e na mulher,

           trintão, quarentão,
             cinquentão, setentão
               ou oitentão.

O Heipo nasce e renasce
  do espírito de observação
    e da convivência com as pessoas
      portadoras de espírito de infância,
        tão raros no passado,
          escassos no presente,
            sendo tão necessários para o futuro.

O Heipo
  é o espírito de infância
    tão necessário para crer
      no Céu e naquele que prometeu o Céu.

Fomos crescendo, crescendo,
  e crescemos até demais,
    além da estatura
      do espírito de infância.

O Heipo já tem o bom senso e a maturidade
  para escolher o que é bom, útil, simples e alegre,
    cultivando a criança na criança,
      mantendo o espírito de criança
        e imitando as virtudes da criança
          no homem e na mulher,
            cheios de vida nos anos vividos.

Deixando de ser crianças, ganhamos maturidade e responsabilidades, o que é bom, mas perdemos a essência, a originalidade, a simplicidade, a transparência, a alegria, a curtição dos presentes bons que a vida oferece.

Uma condição de maturidade seria agora uma decisão de voltar, correr atrás, buscar de novo nosso espírito de infância.

Para os sérios, talvez pareça ridículo e fuja do padrão natural dos adultos.

Reavivar a criança que ainda mora em cada um de nós é algo difícil, mas não impossível.

Como crianças alegres e divertidas, poderíamos estar a desfrutar o presente.

> Nosso mundo de adultos
> não exerce mais atração,
> por termos reduzido o tempo
> e os motivos de brincar e sorrir.

Qual criança gosta de entrar no mundo dos adultos?

As crianças olham para nós como se estivéssemos em outro mundo.

> Lá quase não se brinca.

> Há poucas manifestações
> da alegria infantil.

Pedagogicamente não adianta insistir sobre os desequilíbrios, erros, defeitos e problemas das pessoas ou do mundo cultural em que vivemos.

Somos humanos e por isso somos ainda imperfeitos.

É para frente e para cima que estamos indo.

Do passado aprendemos como não ser, o que devemos evitar, do que fugir e ao que não se apegar.

Procurar soluções é a principal ocupação dos Heipos.

Somos portadores de potências e forças capazes de abrir novas estradas.

> O Heipo
> é o espírito de infância
> que não desaparece,
> nem falece,
> mas, nos Heipos,
> reaparece.

9.4- O princípio do saber afetivo

O saber do Heipo é misto,
prevalentemente afetivo.

Convém conhecer
o princípio da afetividade.

Onde nasce esse saber afetivo?
Qual é a fonte?

Nasce justamente da nossa origem filial divina.

Alguns cientistas definiram o homem e a mulher como seres racionais.

Fomos educados com esse conceito.

E fomos crescendo, aprendendo a colocar a razão e a inteligência racional como valores quase absolutos.

Chegamos a um estágio do conhecimento que provocou um efeito colateral: o racionalismo em dose exagerada prejudicou-nos porque as razões e os argumentos racionais colocaram a sensibilidade num nível abaixo.

A racionalidade criou argumentos para descartar, praticar a violência, para matar, para guerrear contra as próprias pessoas.

A razão sem o auxílio da afeição criou preconceitos. Criou as classes sociais. Dividiu o mundo das pessoas em dois grupos: dos inteligentes e exploradores e dos bonzinhos incultos e explorados.

O mundo dos racionalistas possui características fechadas, inflexíveis, críticas, quase desumanas; e o outro, dos místicos, mais humanos, mais abertos à espiritualidade, cultivando uma filosofia de vida baseada nos valores da fraternidade, da verdade, da justiça e da afetividade.

E hoje sofremos as consequências.

Nossa capacidade racional é quase perfeita, mas esbarra ainda diante do mistério, da dimensão invisível, do mundo do desconhecido e não compreensível.

O saber do Heipo é misto, prevalentemente afetivo.

Convém conhecer o princípio da afetividade.

Onde nasce esse saber afetivo?
Qual é a fonte?

Nasce justamente da nossa origem filial, divina.

É como filhinhos do Paizinho do Céu
que deveríamos estar vivendo.

É com relacionamentos,
pensamentos e atitudes afetivas
que correspondemos à nossa condição de filhos.

> O alimento mais importante
> para o ser humano
> é de ordem afetiva.

> Sentimos necessidade de receber
> manifestações carinhosas e afetivas.

  E nos sentimos realizados
    quando amamos e somos amados.

O Heipo
  se preocupa em aperfeiçoar
    a sua essência, na linha do ser.

  Um tipo especial de saber
    adquirido pelo olhar,
      observar atencioso,
        do bem e do belo.

O saber do Heipo
  foi conquistado pelo olhar,
    pelo ouvir, pelo ler,
      pelo pesquisar, pelo dialogar,
        pelo andar junto com todos
          os companheiros de jornada.

O Heipo
  é a melhor parte
    que existe em cada pessoa,
      e o amor, que está no coração,
        ao sentir-se amado ou amada,
          encontra sentido na sua vida.

Não há melhor maneira de agradar o Paizinho querido do que responder, comportar-se, relacionar-se afetivamente na intimidade do nosso ser, com o coração afetivo.

Aprendemos o que é amar
convivendo com o Deus Amor.

É o que o Heipo quer revelar:
viver com sabor, com afeto,
ternura, carinho, sentimentos,
emoções, empatia, compreensão,
doação e compaixão.

9.5.- O princípio da bondade

**A maneira de ser do Heipo
é de bondade.**

**Há na bondade um poder,
um princípio de atração
que pode provocar
mudanças extraordinárias.**

O Heipo
    é a tendência natural
    das pessoas,
    para a bondade,
    para a verdade,
    para a beleza,
    para a dignidade,
    para a sacralidade,
    para a perfeição
    e para a imortalidade.

    Uma vez desperto,
        o Heipo,
            é a esperança,
                de que as coisas
                      comecem a melhorar,
                          para si e para os outros
                              e para toda a humanidade.

    Onde perambula um Heipo,
        ali a história toma uma direção

de realização construtiva.

Quando o Heipo desperta,
    tudo começa a andar nos trilhos,
        e o relacionamento entre os irmãos
            se aproxima do ideal.

Tudo recomeça
    a dirigir-se naturalmente
        para o fim desejado,
            planejado pelo Paizinho,
                a realização máxima
                    das potencialidades fraternas,
                      em direção à perfeição,
                          à divinização.

Em todas as criaturas,
    existe um princípio de bondade,
        de finalidade intrínseca,
            como a força da semente
                em querer explodir.

                Diz o Livro do Gênesis:
                "quando o Deus Criador
                terminou a sua obra,
                viu que tudo era bom".
                Gênesis 1,31

Aristóteles,
um dos maiores filósofos
de todos os tempos,
também percebeu

o princípio de bondade
em tudo que existe
e escreveu:

> *"Todo ser como tal é bom,*
> *isto é, é capaz de satisfazer*
> *as necessidades de um outro ser*
> *e de lhe comunicar as perfeições*
> *que lhe faltam."*
> Aristóteles

Aristóteles (384 – 322 a.C.) foi sábio grego, aluno do filósofo Platão e professor do Alexandre, o Grande. Junto com o Platão e o Sócrates, são considerados os três maiores filósofos que o mundo conheceu. Aristóteles acentua o primado da realidade sensível sobre as ideias. Nasceu em Estagira, na Grécia, e morreu em Cálcis, na Grécia.

O Heipo,
    aprendendo sempre,
        escolheu uma regra de vida
            permanente:
                cultivar tudo
                      o que é bom.

    As personalidades boas,
        do passado,
            tornaram-se imortais
                por suas boas obras.

O bom Heipo anda por aí,
    talvez desperto,
        talvez ainda dormindo,

    mas a sua essência
     é de bondade,
      criada por Alguém perfeito,
       destinando-nos à perfeição,
        à vida eterna.

O fazer bondoso
  se transforma
    na natural expressão
     de si mesmo.

9.6.- O princípio da Simplicidade

Se encontrarmos a simplicidade,
o Heipo ali estará.

Ah! a simplicidade
    do espírito de infância,
        nasce da inocência, da coerência.

    Nasce na esfera do espírito.

O comportamento do Heipo
é simples.

O Heipo
    renasce na sensibilidade própria,
        na tomada de consciência
            desse elemento coexistente
                no coração da própria vida:
                    o dom da Vida.

É ele que ilumina
    o chão onde pisamos.

        É ele que dá sentido
            ao caminhar
                e à vida que temos.

Talvez a complicação,
    ou confusão,

ou emaranhado de coisas,
    em que estamos submergidos
        esteja atrapalhando nossa visão.

Talvez a solução
    seja simplificar e escolher
        o que faz parte da nossa essência profunda.

Onde está a simplicidade
    em nossa vida?

    Nós, humanos, quando crescemos,
        vamos perdendo a simplicidade.

        Deixamos de ser simples
            e começamos a complicar.

Perdemos a simplicidade.
    Com isso, perdemos a beleza interior,
        a inocência juvenil
            e a transparência angelical.

Perdendo a simplicidade,
    perdemos a originalidade.

    Ao perder a originalidade,
        perdemos o contato
            com nossa origem divina.

        E aí entrou o desequilíbrio.

    Perdemos o eixo
        que equilibra a vida real.

Perdemos qualquer coisa
    que nos despersonalizou,
        desviando-nos do rumo certo.

    Passamos a viver uma vida virtual,
        desligada da realidade divina.

Deixamos de ser admirados.

Perdemos a capacidade
    de admiração dos outros
        e da natureza.

    Não somos mais os ídolos
        nem despertamos a paixão
            nos pequeninos.

    Se não somos simples,
        quem está ao nosso lado percebe.

Se reconhecemos
    que dela precisamos
        como companheira diária,
            tratemos de encontrá-la
                ou de reencontrá-la.

Caso ela não nos acompanhe,
    enterraremos o Heipo mais uma vez
    e frustraremos nosso dia
        da sua finalidade última:
            vibrar, cantar, expandir-se,
                contagiar, provocar inveja
                    de quem ainda não conhece o Heipo.

9.7.- O princípio do ser-para-os-outros

"Eu vim para servir."
Mateus 20,28

A pessoa humana só vai descobrir o sentido e o significado da sua vida quando perceber que está se dedicando ou fazendo algo de bom para os outros, daí se sentirá realizada.

Vamos, Heipo.
    Vamos andando,
        com charme, entusiasmo e vibração.

    Na vida,
        percebemos algumas pessoas diferentes.

        São ou foram alunos do Heipo.

        Percebemos como ele se manifesta
            e ousamos cultivá-lo.

        Desde que a gente possa sorrir,
            desde que cada um de nós ande,
                mexa-se, movimente-se, gesticule,
                    esteja e sinta-se vivo
                        e creia na vida,
                            semeie e cultive
                            a semente da bondade
                            no jardim ou na horta
                            da própria casa,
                            na chácara, na lavoura,

no comércio,
na indústria, no trabalho,
nas ruas da vida,
colheremos os frutos
e faremos render os talentos
da nossa personalidade.

Ele é pouco conhecido,
ou melhor, pouco cultivado,
pouco alimentado,
por isso pode ser que esteja
enfraquecido.

Na horta da vida, os pepinos,
as abóboras e os abacaxis
nascem rapidamente
e nem precisam de cuidados especiais.

Pepino é um alimento
de difícil digestão.

Os pepinos
são as preocupações inúteis
da nossa vida, que, como mato,
sufocam o Heipo.

Na nossa horta,
quase não nascem moranguinho.

Dá muito trabalho cultivá-los.

Mas é ótima sobremesa.

Assim é o Heipo:
  o moranguinho da nossa vida.

Primeiro é necessário plantá-lo,
  replantá-lo, aguá-lo e alimentá-lo
    com as vitaminas próprias,
      leitura e convivência
        com outros Heipos.

Igual ao cultivo de flores,
  hortaliças, verduras e plantas,
    é necessário cultivar
      e dar assistência
        às necessidades de vida
          a esse personagem.

É da própria essência do Heipo,
  o abrir-se, para receber;
    depois, para dar.

Recebe tudo gratuitamente,
  e se desfaz do que também
    é dos outros.

É da essência do Heipo
  ser-para-o-outro, respostas
    às necessidades e expectativas.

O Heipo compreendeu
  que a essência da vida
    são os relacionamentos com os outros,

        buscando e oferecendo sempre
           complementações.

O Heipo se realiza
    como 'hum-mano'
        sendo útil para os outros.

A saudade do Paizinho dos Céus
    se manifesta como uma sutil insatisfação
        que sentimos de vez em quando
           e que nos faz perguntar
                pelo sentido da vida
                    ou pelo significado
                de tudo que existe.

É o Heipo querendo reagir
    a tudo o que não responde,
        ansiando em viver e vibrar,
           com todos os bons valores,
                para se expressar
                    com autenticidade
                        e coerência.

O Heipo sabe-se possuidor
    de tesouros que traz dentro dele próprio,
        como potencialidades,
           para si, e para os outros,
                seus irmãos e irmãs.

O Heipo se revela
    como propagador de ideias
        renovadoras ou revolucionárias
           de dons, de presentes,
                para doá-los a quem precisar.

10

Os Heipos são herdeiros de poderes divinos

Além da filiação divina, e por sermos também imagem e semelhança com o divino modelo Jesus Cristo, já possuímos, por herança, por semelhança, mais oito poderes: o poder da liberdade, o poder da fé, o poder da esperança, o poder do amor, o poder da oração, o poder da sabedoria divina, o poder do Espírito Santo e o poder da Ressurreição.

Para quem não tem fé, o poder do Deus Pai é inoperante e ineficaz. Aquele que tem fé, acredita no poder do Pai Criador. O Deus Pai, Criador, criou tudo, governa tudo e pode tudo.

O Deus Pai demonstrou que tem poder para ressuscitar seu Filho. Aquilo que achamos que é impossível para o Deus Pai, ele diz que para Ele nada é impossível.

Para aqueles que acham que as coisas do Céu, da eternidade, do espírito e da alma são ilusões, loucuras ou devaneios, o Deus Pai demonstra sua sabedoria e sua força na fraqueza, na humildade e na própria morte.

A onipotência divina se manifesta na fraqueza. Deus cria a partir do nada. A nossa ignorância demonstra que nada sabemos das coisas invisíveis, grandiosas, incompreensíveis, e que ultrapassam as leis ordinárias da nossa frágil natureza.

O Deus Pai demonstra o seu poder para quem crê, com o coração. E esconde seus poderes para os sábios e entendidos, que querem sinais racionais, compreensíveis.

O mal é vencido pelo Bem.

E o Deus Pai, Poderoso e Bondoso, disponibiliza seus poderes para todos os seus filhos.

Não nos deixa órfãos.

E nem com falta de ferramentas.

E compartilha conosco seus poderes.

10.1.- O poder da liberdade

A liberdade que usufruímos
é a melhor experiência que podemos fazer
ao experimentá-la e perceber
que é também um poder divino,
colocado à disposição dos humanos.

        Como é bom experimentar
        o dom da liberdade.

        Estupendo sentimento.

        Estupenda realidade.

        Voar, viajar com o pensamento.

        Atravessar distâncias e fronteiras.
        Poder expressar-se.

        Poder ser livremente.

        Poder criar e recriar.

A experiência da liberdade
é a maior das experiências
que fazemos como humanos,
mas parece ser uma experiência quase divina,
porque não sabemos explicá-la, só senti-la
e com uma enorme carga emocional.

Não sei bem ao certo,
    mas acho que já é uma experiência celestial,
        nossa, como cidadãos do Universo.

    Sabemos o que é, mas não sabemos explicar.
        Sentimos, mas não explicamos.

Quando fazemos essa experiência de liberdade
sentimos um tipo de poder inexplicável.

Parece que fazemos parte de um todo,
incompreensível ainda para nós.

Temos e exercemos o poder da liberdade.

    Não é a experiência da liberdade física.

        Não depende do meu corpo sentir a liberdade.

        É uma experiência espiritual
            que usa a linguagem da alma.

A liberdade
    é um atributo divino
        que nós, humanos, já recebemos antecipadamente.

A liberdade
    é algo que o nosso Pai tem em abundância
        e nós, seus filhos, temos o necessário.

Essa liberdade
    é experimentada por nós

de uma forma ainda limitada,
    mas ela manifesta-se como um poder
        que nos mostra o quanto somos grandes
        e poderosos.

Com o uso da liberdade
    podemos deixar de ser só humanos e
        começar a fazer experiências de deusinhos.

    A liberdade alcança a perfeição
        quando está ordenada para o Criador,
        nosso fim último.

Sem uma relação de filiação com nosso Pai Celestial, não estamos vivenciando nossa verdadeira liberdade, não estamos sendo livres.

Com liberdade
    temos o poder de conhecer um pouco
        da imensidão, do infinito,
            dentro do qual já existimos.

    Com esse conhecimento,
        mesmo que seja parcial,
        já temos condições
            de dar uma resposta livre.

O que nos falta?
    Falta sensibilidade, reflexão,
        prestar atenção em nosso corpo,
            nos nossos pensamentos e sentimentos.

    Falta-nos uma leitura do Universo.

>Falta-nos olhar para o céu,
>>com um olhar mais abrangente,
>>olhar lá do alto.

>Falta-nos evoluir, avançar,
>>aperfeiçoar a nossa consciência
>>>sobre essa extraordinária capacidade
>>>da liberdade.

Evoluir na direção da dimensão da liberdade é um dos objetivos do ser humano consciente.

É com liberdade, com essa capacidade, que exprimimos e manifestamos a condição de imagem e semelhança, de filhos do Pai Celeste.

A experiência da liberdade de espírito parece ser o jeito de ser do Heipo, por onde o homem chega a experimentar e intuir a dimensão da eternidade, e onde sentimos em nossas entranhas que realmente somos feitos à imagem e semelhança divina.

>Há algo de divino acontecendo,
>algo de sobrenatural
>na hora que experimentamos
>que somos seres livres.

Só com o desabrochar dessa potencialidade é que estaremos aptos a assumir os bens que nos foram prometidos. Somos os herdeiros do reino dos céus.

>É para essa tarefa que somos livres.
>E somos livres para aceitar ou recusar.
>Eis o poder da liberdade.

Então, imortalizemo-nos

o tanto quanto for possível, desde já.

Somos livres a partir do espírito
    que nos habita.

A lei do Espírito
    abrange todas as esferas.

Não encontra limite
    nem opositores.

Parece que é exatamente a experiência que fazemos de liberdade que nos remete a fazer experiências de eternidade.

A experiência da liberdade,
    a todos agrada,
        por isso liberta
            e nos remete ao infinito.

E é essa liberdade
    que nos é própria.

É essa a liberdade
    que nos move e transforma
        em filhos do Pai Celeste.

Adquirir a posse dessa verdadeira liberdade supõe o cultivo das potencialidades que o Heipo revela neste livro.

Nos Livros do Novo Testamento, encontramos as afirmações que precisamos para fortalecer este texto:

> *"Foi para a liberdade*
> *que o Jesus Cristo nos libertou."*
> Gálatas 5,1

Existe uma liberdade que cria algemas, escraviza, reduz e estaciona-nos num nível sub-humano.

Existe a outra liberdade que cria asas: liberta de todas as amarras, de todos os limites e deformações.

Gostaria de insistir na importância do dom da liberdade que nos foi dado e que sentimos tanto orgulho de tê-lo e exercê-lo.

Transcrevo a seguir algumas linhas do pensamento do Padre Pierre Teilhard de Chardin sobre o tema da liberdade, extraídas do livro *Evolução e Antropologia no espaço e no tempo*[1]:

> *"Chamada à existência,*
> *a pessoa humana está condenada*
> *a realizar, livremente*
> *e com todos os meios ao seu alcance,*
> *a sua própria perfeição.*
>
> *Apesar da liberdade,*
> *não pode retirar-se do campo da luta,*
> *porque as leis da existência infundem,*
> *acima de tudo,*
> *um senso de responsabilidade.*
>
> *Nem sequer é permitido*
> *à pessoa humana estagnar*

---

[1] Editora Herder, SP. 1972.

nos caminhos da vida.

*O desejo do absoluto,
a sede do infinito
e o anseio da imortalidade
enchem de inquietação os seus dias,
impulsionando a buscar e empregar
todos os meios necessários
para alcançar
a posse dos bens estáveis.*

*A pessoa humana
está condenada a realizar
a sua própria criação,
que é, em última análise,
a sua própria salvação.*

*A liberdade
foi dada ao ser humano
como penhor da sua própria realização
e quanto maior for a realização,
tanto maior deverá ser a liberdade.*

*O aumento da liberdade
tem por objetivo
sempre maiores criações.*

*Crescer em liberdade
para crescer em realizações.*

*A liberdade
é a própria manifestação*

da força divina e invencível,
encarnada no ser humano.

O homem é livre
porque é filho do Pai Celeste.

Mais do que uma dignidade
é uma responsabilidade de ação.

A responsabilidade
provém da necessidade
de criar, em si mesmo e no mundo,
a verdadeira imagem dessa dignidade,
revelando qualidades divinas
na vida e na ação...".

Pierre Teilhard de Chardin (01/05/1881 – 10/04/1955) foi sacerdote, filósofo, teólogo, antropólogo, geólogo e escritor francês. Pertenceu à Ordem Religiosa dos Jesuítas. Nasceu em Orcines, na França, e morreu em Nova Iorque, EUA. Elaborou as sínteses da evolução da nossa espécie humana e divina. Construiu uma visão integradora entre ciência e Teologia. Através das suas obras, legou--nos uma filosofia que reconcilia a ciência do mundo material com as forças sagradas do divino.

10.2.- O poder da fé

O poder da fé
é um poder divino
liberado aos humanos,
para entrar nos mistérios
do mundo invisível.

                    Estamos no mundo.

          Estar no mundo com uma visão de fé
             é uma aventura, uma ousadia,
             um atrevimento ao bom senso.

            É estar dentro de uma realidade
    projetando-se para a dimensão do espírito.

               Com o olhar da fé,
            vemos a dimensão invisível,
              uma força misteriosa,
             um poder sobrenatural.

Ousamos dizer
que quase vemos
aquilo que cremos.

                   Na insegurança,
                   a fé é um farol,
                    uma luzinha.

                     Na dúvida,
                  é uma semente
                  de esperança.

A fé é uma resposta
a um convite, não é intimação:
"Vem e vê", disse o Filipe ao Natanael.
João 1,45

Ver de uma forma diferente:
    ver sem os olhos,
        ou ver com os olhos fechados.

    Venha, tome conhecimento,
        faça essa experiência
            e dê uma resposta.

    A fé é um dom,
        um presente que ganho,
            que recebo, que aceito,
                um dom pequeno,
                    muito pequeno,
                        mas que pode crescer.

Como criancinhas aprendendo a caminhar, somos convidados a dar os primeiros passos nessa aventura.

Os demais passos serão aprendidos.

            Ganhamos a bicicleta:
            teremos de aprender
            a andar com ela
            e andar nela.

    E, como um presente,
        o guardo, ou o uso.

Guardando-o,
    não aprendo o manuseio.

Usando-o,
    aprendo a andar,
        monto e desmonto suas peças
            e decoro suas funções.

Em que oportunidades ou ocasiões
    me vestirei deste traje
        ou usarei desta ferramenta?

É um uniforme de trabalho diário.

É uma ferramenta de ofício
    que se usa todos os dias
        e todas as noites.

Mas para que serve?

Não vemos utilidade
    de imediato.

Virão oportunidades difíceis,
    dias escuros,
        em que o traje da fé
            será necessário,
                e essa ferramenta
                      será a única disponível.

Não haverá apoios
    onde colocar os pés.

Há que se adiantar
    que jamais poderemos dispensar a fé
        e caminhar sem ela nesta terra.

É um acessório especial
    a ser acoplado
        em nosso veículo vital.

Curtos de visão ainda somos,
    necessitando de óculos especiais
        para ver a vida
            e as tramas da vida,
                nem sempre claras
                    e, às vezes, sem os frutos do sucesso.

Falta-nos um olhar abrangente,
    onde o fracasso e o sucesso
        possam expressar juntos,
            uma mesma mensagem.

É essa a utilidade da fé.

Se sem a fé
    o bolo da vida não fermenta,
        e se a fé é o fermento da vida,
            esse ingrediente
                tem que constar
                    na receita do bolo
                        da nossa existência.

Também com a fé,

   a sabedoria propõe
     que façamos parceria.

Com ela,
  os olhos brilharão,
    o sorriso estará estampado
      em nosso semblante
        e o bom humor dará passos
         junto conosco.

A fé cresce
  na medida em que convivemos
    o mais tempo possível
      ou o mais repetidamente possível
        com os valores ou realidades
         que a ela dizem respeito.

Não é algo automático,
  como a criação de um hábito bom.
    Mas segue a mesma dinâmica.

Nunca terá fé
  a pessoa que nunca vai à missa,
    nunca reza,
      nunca olha para o céu estrelado,
     nunca se admira
        das capacidades
          e talentos humanos,
       não se emociona com os doentes,
     com os fracos,
   não ajuda ninguém,
  não dá esmolas,

  não vê o próximo como irmão,
    não lê a Bíblia,
      não participa de nenhum sacramento alimentador,
        não se interessa
          com as coisas da Igreja,
            não se insere na comunidade,
              não curte as festas do Natal
           e da Páscoa,
       não se esforça
       por entender
     a criação do mundo,
    não se interessa
   pela Vida Eterna,
não vê nada além do visível,
  do tato, da audição, da degustação.

A fé vela e revela.
Abre e fecha.
Mostra e esconde.
Mas não se demonstra.

A fé mora na neblina,
esconde-se na natureza
e por dentro das coisas.

A fé já mostrou sua cara
naqueles que viveram das promessas
que já se cumpriram,
que se cumprem
e se cumprirão.

Muita gente diz que é difícil confrontar-se com essa questão e dizem que querer ter fé é uma tortura, quase um desequilíbrio mental.

É um experimentar a razão
como vacilante, meio cega,
quase impotente.

É um constante algo
lá na frente,
nunca alcançado.

É uma provocação.

É um não,
dito com autoridade,
para o rebelde adolescente que somos.

Na esperança curtida,
    a quase certeza
        de que o nosso Deus Criador
            é também nosso Pai.

E se aceitamos e acreditamos
    que o Deus é nosso Pai,
        aceitamos e acreditamos
            que Ele quer dar para nós
                suas heranças.

Aceitar essa Paternidade
    e vivenciar o estado de filiação
        é aceitar e abraçar a fé.

E esse tipo de alimento,
    chega a sustentar
        a fragilidade da fé.

A fé
    não tem apenas
        o aspecto de fragilidade.

Ela carrega também
    uma força vigorosa.

Uma força invencível.

    Uma força incompreensível.

    Um poder sobrenatural.

    O reino humano há de abrir-se
        de alguma maneira, para o reino superior.

E neste reino superior,
    a fé é a primeira ferramenta.

        Cultivar a fé
      é como cultivar uma sede
        que nunca se sacia.

      Te deixa sempre insatisfeito,
        mas manso e humilde.

Sentir a emoção
do amor presente é fácil.

Sentir a fé é como uma saudade
> de um amor ausente e doloroso.

A fé é também um ato de obediência.
> Obediência ao nosso Pai.

Não dá para dizer: a fé não existe.

Se ignorada torna-se um tormento,
> um vazio que deseja ser preenchido.

Finalizando, acreditamos, temos nossa fé em uma pessoa acima de tudo, e depois, naquilo que essa pessoa falou e testemunhou. Leia o que disse o escritor Gabriel Marcel:

"A fé é mais fidelidade à pessoa do Jesus Cristo que adesão a um formulário dogmático."

Gabriel Marcel (07/12/1889 – 08/10/1973) foi filósofo existencialista cristão, crítico teatral e escritor. Autor da peça de teatro 'Mundo Partido'. Era de educação protestante. Converteu-se ao cristianismo em 1929. Nasceu, viveu e morreu em Paris, França.

Com a ajuda do Padre Basílio Caballero, podemos dizer que

"o objeto principal da fé
não está a nível do visível e demonstrável,
mas no plano da experiência vivencial,
da comunhão e da opção pessoal.
Mas também não está desprovida de base objetiva,
pois se fundamenta em fatos
da intervenção histórica do Deus Filho,
o Jesus Cristo que pisou nesta Terra e,

*especialmente na pessoa do Espírito Santo, invisível,
porém sempre atuante em nós e no mundo".*

Padre Basilio Caballero Alvarez (1935 – 1996) foi teólogo, filósofo, escritor, sacerdote e religioso espanhol da Ordem dos Padres Redentoristas. Autor da coleção "Nas Fontes das Palavras"; *A Palavra de Cada Dia*; *A Pastoral da Esperança Cristã*; *Liturgia da Evangelização*; *Pastoral da Evangelização*; *Bases da Nova Evangelização*, e outros.

10.3.- O poder da esperança

O poder da esperança é outra força poderosa,
mais um dom divino liberado aos humanos.

> *"Os que esperam*
> *nas promessas do Jesus Cristo*
> *renovam suas forças,*
> *voam nas alturas como as águias,*
> *correm e não se fatigam,*
> *caminham e não se cansam".*
> Profeta Isaías 40,31

A esperança
é uma força espiritual
que alimenta a nossa fé
nos bens vindouros,
na ressurreição do nosso corpo
e na herança dos bens celestes,
eternos.

    A esperança
    se fundamenta na existência do Deus Pai,
    do Deus Filho e do Deus Espírito Santo,
    criador, poderoso, misericordioso.
    Fundamenta-se nas promessas,
    na verdade, nos bens invisíveis,
    nutrindo-se no amor divino e humano.

        A esperança não decepciona,
        nos dá as graças do conforto,

    da segurança, da alegria, da fortaleza,
    da iluminação da nossa mente
    e nos mantém no caminho da perseverança.

    Não só esperamos parados,
    mas nos movemos, nos pomos a caminho,
    à procura das promessas.

O Heipo quer ser o profeta da esperança.

    Coitados de nós.
        Se não soubermos viver
            com esperanças ...
                ... morreremos de medo de morrer.

O Heipo,
    mesmo na condição de mendigo,
        já não passa fome,
            nem entra em depressão
            ou desespero.

Temos um alimento que não é daqui,
    já que nem só de pão vive o homem,
        mas, sobretudo, de esperanças.

Se não fosse a esperança
    já teríamos desistido de viver.

    É a força da esperança que nos mantém
        nas trilhas e nas escolas da vida.

    É a fé o fundamento

das nossas esperanças.

Se a razão diz que não há saída,
    a fé abre as portas
        e a esperança se torna
           a motivação de toda partida.

A esperança completa o time.
    Ela nos impulsiona
        para entrar no jogo do amor,
           marcar gols, provocar shows,
              confiando nas orientações do Técnico.

Mas viver com esperanças
    dá a impressão de que estamos perdendo o jogo:
        provoca escândalos, surpresas, em muita gente.

A esperança é,
    como todas as forças,
        invisível.

Mesmo assim, perseveramos,
    esperando o que não vemos.

A esperança nos faz reagir,
    a procurar as soluções
        para aquilo que parece não ter saída.

E a esperança nos traz otimismo,
    brilho nos olhos,
        admiração pelas paisagens,
           encanto pelas montanhas,

pelo mar, pelas nuvens,
pelas estrelas.

A esperança parece ser, lá no fundo,
    a razão pela qual vivemos.

    Em nosso coração,
        há mais lugar para esperanças
            do que para as desesperanças.

Se olharmos bem de pertinho,
    a esperança é uma luzinha
        acesa em nosso coração.

    Sem essa luzinha,
        o coração não enxerga
            nada de bonito e bondoso.

Sem esperanças
    o jovem envelhece rapidamente
        e, com esperanças,
            o ancião prolonga sua juventude.

Se todos os médicos e remédios falharem,
    a esperança será a última medicação
        a surtir efeito.

A esperança
    põe sua confiança no amanhã.

Nossas esperanças
    não são só alimentos para o viver,

mas são também as asas para despois de morrer.

"Eu sou a esperança, aquela que ostenta,
sempre e em tudo, um lugar reservado e seguro.
Ainda quando o espaço é escuro e ameaçador,
eu encontro uma fresta para deixar entrar
um raio salvador que ilumina,
inunda e transforma os ares.
Sou, de todos, o derradeiro apoio,
sigo, porém, mais de perto
os que sofrem
e alegro-me
em oferecer-lhes
alguma coisa,
um ponto luminoso,
talvez, e dizer que nem tudo está perdido,
porque, quando nada mais restar,
permaneço eu, a esperança".
Padre Aloísio Derossi Costa

Padre Aloisio Derossi Costa foi sacerdote e escritor brasileiro, fundador da Orquestra Filarmônica de Juiz de Fora, MG. Autor do livro *A Escada de Jacó*, Editora Vozes, 1967.

10.4.– O poder do amor

"Deus é amor.
Aquele que permanece no amor
permanece em Deus
e Deus permanece nele."
1 João 4,16

A capacidade de amar é outro poder que recebemos.
Esse poder já está embutido em nossa natureza humana,
uma vez que somos obras e imagem do Deus Pai Amoroso.

O amor ou a capacidade de amar
    vem de cima, vem de fora,
        vem do nosso Criador.

    A capacidade que temos de amar
        é um poder divino.

    Se somos criaturas, obras divinas,
        se fomos criados pelo Deus amor,
            é o amor que existe em nossas raízes,
            em nossa essência.

    Fomos criados por amor.

    É para amar que existimos.

É um dom divino amar.
    Dom de pai para filho.
        É um dom gratuito

receber amor divino
para repassar aos humanos.

Dom de irmão para irmão.
De irmã para irmã.
De pai para filhos.
Dos filhos para os pais.
De amigos
para amigos
e inimigos.

Quando amamos
e demonstramos intenções, pensamentos,
expressões e ações amorosas,
gratuidades, serviços, doações,
a origem ou a fonte
é de natureza divina.

É a partir daqui
que reconhecemos o poder do amor
como uma capacidade sobrenatural,
uma força capaz
de provocar transformações.

Uma força poderosa
capaz de provocar conversões,
capaz de suportar sofrimentos,
martírios, entrega da vida.

Uma força sobrenatural
capaz de produzir milagres.

O amor
   é uma força sobrenatural
     dada a nós gratuitamente,
       pois que somos apenas
         animais racionais
           transformados em filhos
             e irmãos amorosos.

O amor é uma força divina
   que nos faz imitar o Jesus Cristo Redentor,
    que doou a sua vida por amor
      a todos nós que o rejeitamos
       e o condenamos,
         perdoando-nos e elevando-nos
           à categoria de filhos divinos
             e herdeiros dos céus.

Experimentamos o poder do amor
  como uma espécie de energia
    capaz de provocar
      mudanças extraordinárias.

Amar é o milagre
  que transforma
    inimigos em amigos,
      amigos em irmãos,
        irmãos em filhos,
       filhos do mundo
          em filhos dos céus.

É a força do amor
  que nos leva a buscar reconciliação,

    reatar amizades perdidas,
        retornar à casa paterna,
            reunir de novo povos
                e parentes divididos.

O amor é um dom sobrenatural.

    É a capacidade de amar e ser amados
        que traz sentido e significado
            para a vida de cada um de nós.

    É a força do amor
        que nos leva a transformar
            uma casa num lar,
                um lar num ninho
                    e um ninho num aconchego.

    É a capacidade de amar
        que nos leva a colocar
            a alma amorosa, coração,
                em tudo o que fazemos.

    É a criatividade do amor
        que nos leva a colorir
            a vida dos outros,
                a fazer poesias
                    das coisas simples da vida.

    É a força do amor
        que me leva
            a prestar atenção em você,
            a lhe dar valor,

    a perceber riquezas
      em sua interioridade.

É a atração do amor
  que me leva a lhe procurar.
    É o bem que há em você
     que me atrai.

É a sua dignidade divina
  que me faz lhe respeitar e admirar

É a força do amor
  que existe em você
    que desperta em mim
      a inspiração e o poder
       de lhe fazer feliz.

É a potência do amor
  que revela que sou poderoso
    quando amo.

O amor é a exteriorização
  do que é bom em nós,
    que faz bem e contagia
      as pessoas que estão próximas.

É por isso que gostamos internamente
  e demonstramos externamente
    o amor que existe em nós.

Por isso gamamos e nos apaixonamos,
  e nos tornamos amáveis.

Demonstramos a capacidade
      do amor afetivo com atitudes carinhosas,
           olhares bondosos e compreensivos.

E mais: dessa forma servimos, somos úteis,
      acompanhando e completando
           os que convivem conosco.

É por isso que olhamos
      e admiramos, escutamos
           e expressamos alegria.

A força interior
      e o que temos de bom dentro de nós
           é o que queremos cultivar.

É no nosso interior
      que temos o poder, a fonte do amor,
           a fonte da bondade, da admiração.

É nele que nascem as boas intenções
      e os primeiros passos para a ação.

Essa é a filosofia de vida
      do Heipo andarilho.

Nosso coração afetivo
      sente fome de amor,
           de amar e ser amado,
                  de afeto, carinho e ternura.

Faltando amor,
    falta maturidade,
        falta consciência
           filial e fraterna.

Nossa forma de viver
    a espiritualidade
        nunca será madura
           sem expressões ou sentimentos
              de amar e sentir-se amado.

A realização do ser humano só será possível com a prática dos conselhos evangélicos ensinados e vividos pelo mestre Jesus Cristo.

Ele mesmo ensinou que o Deus é Pai, que o Deus Pai é amor.
Tudo o que o Jesus Cristo revelou e demonstrou
se resume numa única palavra: amor.
Ensinou uma só lei, a lei do amor.

Esta é a norma, a regra, a lei: AMAR.
Amar o Deus Pai acima de todas as coisas
e o próximo como a si mesmo.
Amar a natureza, feita com ciência, com sabedoria.
Amar tudo e todos porque foram bem-feitas,
com amor, para amar e corresponder ao amor.

Não tem outra orientação mais importante,
mais forte, mais vital do que esta: amar.

Esse é o poder que nos torna fortes,
capazes de testemunhar o princípio do amor
como origem e motivação para qualquer transformação.

São as expressões desse amor incondicional
que atraem e provocam expressões de admiração
naqueles que percebem.

É o próprio Jesus Cristo quem recomenda:

*"Quem tem meus mandamentos e os observa é que me ama;
e quem me ama, será amado por meu Pai.
Eu o amarei e a ele me manifestarei."* **João 14,21**

*"Se alguém me ama, guardará a minha palavra
e meu Pai o amará e a ele viremos
e nele estabeleceremos morada."* **João 14,23**

10.5.- O poder da oração

**O Céu oferece meios
para o intercâmbio de informações.**

**Há um meio de comunicação
que chega até o Céu:
a oração poderosa.**

As ondas das energias humanas
    chegam até o céu,
        atravessam espaços
            e alcançam o infinito.

    De pé, sentados ou ajoelhados,
        estamos sempre bem antenados.

    Há uma sintonia fina
        ajustada pelo maestro
            Espírito Santo.

O ato de rezar
    é um movimento interno, íntimo,
        que nasce das profundezas do nosso ser,
            lá onde tudo é puro e simples,
                onde existe uma abertura
                      ou uma sintonia fina
                          com o Criador,
                          e onde existe
                              uma sede infinita
                              a ser satisfeita.

O Heipo vê a oração
      como uma forma de diálogo
            com o Paizinho do Céu.

            Quando o filho se encontra com o Pai,
            é um encontro espontâneo
            de onde brota um tipo
            de comunicação interior,
            íntima, profunda.

            Um desejo muito vivo, ativo,
            de se entreter e se envolver com Ele.

Quando acontece qualquer tipo de encontro,
      sempre acontece o diálogo, conversa,
            comunicação entre duas pessoas
            reais e concretas.

            Temos esse poder
            de comunicar-nos com nosso Pai.

            Não somos órfãos.
            Somos filhos,
            adotados por um Pai invisível,
            misericordioso, atencioso,
            criativo, paciente e,
            além do mais, vivo e ativo.

Rezar é pôr-se à escuta
      daquele que, calado,
            nos inspira e derrama sobre nós
                as suas graças.

Rezar é colocar a percepção em ação
    a fim de tomar consciência dos dons
        que o Pai nos dedica, suas graças,
            sua proteção, sua paz e a sua misericórdia.

O Heipo aprendeu
que é somente quando procura rezar
que a sua internet se abre
para se comunicar com o céu.

    Quando o Heipo reza ou tenta rezar,
    sabe que está na frente do seu Criador,
    que o conhece.

        Então, não diz nada, só diz que Ele leia
        o que está no seu coração.
            Acontece, então. o encontro de dois mudos:
                o Heipo e Aquele que está namorando o Heipo,
                com seu olhar misericordioso.

        Quando o Heipo reza,
        não fica nem um pouco preocupado.
        Deixa sua alma se entender
        com o Paizinho querido.

O Heipo sabe
    o que acontece na oração
        não é visível, não aparece,
            por ser o encontro entre dois mistérios,
                a interioridade invisível da criatura
                    com o Mistério do Criador.

Quando estivermos a sós,
    fechados em nosso quarto,
        temos alguém com quem conversar.
            Ele está presente de modo invisível,
                mas muito pessoalmente,
                    numa dimensão bem diferente da nossa.

Somos nós que teremos de exercer
    o poder da criatividade, tomar iniciativas,
        provocar diálogos, aproximar-nos Dele,
        como criancinhas de colo.

    O Heipo só conhece a oração da gratidão,
    porque está sempre atento
    a tudo o que acontece na nossa vida.

        O Heipo não vê a oração
        como oportunidade para pedir,
        mas sim para agradecer.

Se temos um pai bondoso,
    Ele não nos deixa na mão,
        esperando que peçamos algo.
            Ele se adianta, vê,
                percebe o que estamos precisando.

Depois, bem depois,
    parando, olhando, meditando, contemplando,
        percebemos que já recebemos tudo
            o que precisávamos para chegar até aqui.

E, se prestarmos bem atenção,
    percebemos que sempre estamos prontos
        e capacitados para qualquer ação.

O Heipo gosta da oração espontânea,
    feita na presença de Alguém
        que está aí, invisível,
            escutando e participando do diálogo.

A oração
    começa quando o Heipo
        rompe os limites da razão
        e abre-se ao mundo da fé,
            num diálogo permanente
                entre o ser humano e o ser divino,
                    sua origem e fim.

Acontece bem ali,
no limite das últimas forças humanas
com as primeiras forças divinas.

Quando você começa a rezar
    e começa a gostar,
        as luzes das estrelas
            aumentam seu brilho,
                e consegue olhar para mais longe.

Quando você é tomado
    pelo gosto da oração,
        do diálogo com o Paizinho do Céu,
        o fogo da tua fogueira – aumenta,
        e as labaredas que brotam do seu coração – dançam,

    as asas da sua alma – voam.

A oração
  é a primeira das portas
    para entrar na dimensão transcendental
      e dar os primeiros passos
        no conhecimento dos mistérios divinos,
          pois é na intimidade com o Deus Pai
            que Ele vai te revelando
              o que vai te encantando
              com as coisas lá do Céu.

A oração
  fornece a luz necessária
    para começar a ver e a entender o mundo invisível.

    É a porta que abre o infinito.

      Ela te leva até a eternidade.

        Ela te empresta as forças do Céu.

  A oração
  nos torna participantes
  da natureza divina.

A oração
  diminui a distância
    entre o Céu e a Terra,
      entre o Pai e nós, seus filhos.

A oração

é um recurso divino
　　　para curar nossas deficiências,
　　　　　nossas angústias e sofrimentos.

A oração nos coloca de novo
　　nas nossas raízes originais.

10.6.- O poder da sabedoria

**Pelas consequências da nossa filiação
e de sermos criados à imagem e semelhança divina,
temos acesso ao poder da sabedoria divina.**

Lembremo-nos de que ainda somos humanos,
    com possibilidades limitadas, com total liberdade,
        e com relativas possibilidades,
            de rejeitar, ou incorporar,
                assumir e agir
                    de acordo com as orientações
                        e ensinamentos divinos.

    Filhos e herdeiros,
    do dono do mundo,
    já dispomos de várias qualidades divinas.

Fomos criados livres
    para escolher o que queremos,
        o que aprender, a quem servir,
            que ideais perseguir e realizar.

    Temos a liberdade de escolher.
    Podemos escolher viver
    teimosamente como todo mundo vive,
    de acordo com a cultura deste mundo fechado.

        Temos a liberdade
        de escolher com sabedoria
        e viver como divinos.

Podemos escolher viver sabiamente,
    com o conhecimento das verdades eternas,
        abertos para o infinito e para a eternidade.

A sabedoria humana
    privilegia a inteligência,
    o raciocínio, a crítica, o julgamento,
    a economia, o dinheiro, carreiras,
    posses, status, orgulho, egoísmo,
    divisões de classes,
    privilégios, honrarias, aparência,
    discriminações, preconceitos...

A sabedoria divina
    convida a uma tomada de consciência,
    sugerindo a construção
    de um jeitão de viver a vida
    levando em consideração
    a nossa breve passagem por esta Terra
    em vista da outra vida.

Aqui, tudo o que temos e o que acontece
    é considerado como meios e ferramentas
        para conseguir chegar no plano celestial,
            com a bagagem cheia de componentes eternos,
            riquezas eternas.

    O que a sabedoria divina ensina?

Sabedoria é desenvolver em você
    o mais alto nível de conhecimento humano,

    e, a partir daí, chegar ao conhecimento
    do que de divino já existe em cada um de nós.

A sabedoria
    já está dentro de cada ser humano,
    nas profundidades
    do universo interior, infinito.

No universo exterior,
    o que atrapalha é a agitação,
        propagandas, avalanches
            de comunicação e informação.

O universo interior exige silêncio,
        paradas, reflexão, meditação,
        discernimento e escolhas
        que sejam permanentes,
        que saciem a sede insaciável
        de eternidade.

A cultura do mundo externo
    não quer permitir que eu seja eu,
        que eu me conheça,
            porque deixarei de ser consumista.
            Ela quer escravos, analfabetos de si mesmos,
            e não pessoas, conscientes e livres.

A sabedoria divina
    revela o que sou em minha essência,
    que permanece no tempo e fora do tempo,
    no espaço e fora do espaço,
    e, além de todas as mudanças.

A cultura do mundo
    idolatra tudo o que é visível.

    É o espírito
        que busca a sabedoria, invisível.

A sabedoria
    considera a existência
    de uma dimensão invisível,
    de seres invisíveis, inclusive, do Deus Pai,
    Poderoso, Perfeito e Invisível,
    criador das coisas visíveis e invisíveis,
    da Terra e dos Céus,
    do finito e do infinito.

É a sabedoria
    que fornece inspiração,
    criatividade e elementos
    para as ciências transformarem
    o que é invisível em visível.

    Faz parte da sabedoria
        olhar para cima,
            para os céus, para as estrelas.

É a partir do infinito
    que povoamos o finito de inspirações,
        motivações, descobertas e invenções.

Se nos apegamos
    às pequenas coisas deste mundo,
    nos apequenamos.

Se buscamos a sabedoria,
    nos agigantamos, agregando,
    aperfeiçoando nossa imagem e semelhança
    com nosso Criador, o Sábio, por excelência.

        A sabedoria não existe
    como substantivo.

        Existe o sábio, o ser humano,
        que escolhe ser bom e útil para todos.

E, finalizando,
    só existe um sábio,
    Aquele por quem foram criadas todas as coisas;
    para quem foram criadas todas as pessoas,
        todos os universos,
          visíveis e invisíveis;
            Aquele que resolveu
            o problema da morte
            e ressuscitou.

Portanto somente seremos poderosos
    se estivermos unidos ao Jesus Cristo.

        A sabedoria
            é uma Pessoa Personificada.

É Ele que convém conhecer e imitar.

Não existe sabedoria fora Dele, sem Ele.

10.7.- O poder do Espírito Santo

De onde virá a força
que necessitamos?
— Virá do Espírito Santo
que nos habita.
Ele é o poderoso.

De onde vem a força que temos
      e a que não temos, se somos só humanos.

Mas sabemos que temos dupla cidadania,
      uma limitada, a Terrena e outra Celestial, a infinita.

      Se existe a possibilidade de nos promover
      para divinos, aceitamos essa parceria.

Muitas coisas,
      compreensíveis ou não inteligíveis,
      são de natureza sobrenatural, despercebidas,
      por serem de outra dimensão,
      invisível, imaterial.

A força física,
      que está em nosso corpo,
      tem a sua origem
      nos alimentos que ingerimos,
      e, por consequência,
            conseguimos erguer pesos,
            resistir a longas caminhadas,
            subir montanhas, suportar cansaços,

superar doenças.

A força psicológica,
    que está em nossa mente,
   afetos e sentimentos,
      nasce das motivações,
      dos ideais, dos sonhos
      que cultivamos,
      e que nos mantêm ativos,
      e nos proporcionam o equilíbrio
      e a serenidade diante da rotina
      e das dificuldades.

A força espiritual,
   que está em nossa alma e em nosso espírito,
   que nos vem da fé e das esperanças,
nos valores da vida eterna,
      nasce no silêncio,
      na leitura e meditação,
      nas páginas sagradas do Evangelho,
      na vida do Jesus Cristo
      e na ajuda permanente
      do Espírito Santo.

Nossas energias,
    resistências e entusiasmo
        diante dos fatos da vida
           tornam-se cada vez mais vigorosos,
              quanto mais alimentos dermos
                  às usinas processadoras.

É fácil entender

a falta de sentido na vida
    quando não alimentamos as usinas,
        com os respectivos alimentos
           e nutrientes.

O equilíbrio desejável
    é consequência da escolha correta
        dos alimentos e nutrientes correspondentes.

É sábio, prudente e até lógico
    dar alimento às fontes de energias
        para não sofrermos as consequências
           de todos os tipos de fraquezas e doenças.

A origem das forças físicas e naturais
    está em mim.

Para as coisas deste mundo,
    deste século, desta vida,
        tenho forças suficientes
           e encontro facilidades
                para agir.

Mas tenho sonhos,
    desejos de ir em frente,
        de continuar vivendo,
           e, mesmo depois de morrer,
                quero continuar existindo.

    Preciso de força, mais força.

Para ir além deste mundo,

sou incompetente,
	medroso e incapaz,
		relaxado, resistente,
			e quase nada faço
				para ir em busca das soluções.

Para meus ideais,
	minhas forças são suficientes.

Para nossos ideais,
	nossas criações e nossa fraternidade,
		disponibilizamos e compartilhamos
			nossos bens.

Para as coisas do outro mundo,
	nos foi dado o Deus Espírito Santo,
		nosso Auxiliar, para ser em nós
			o dom da transformação,
				da fraqueza em fortaleza.

Espírito Santo,
	vinde reforçar
	nossa frágil humanidade.

Reconhecemos
	nossa fraqueza,
	a falta de fé
	em vossos dons
	e em vossa atuação em nós.

Nossas resistências
	em aceitar o vosso comando

em nossa vida, é devido
à nossa pouca familiaridade
com vossa pessoa, em nosso íntimo.

Somos ignorantes a vosso respeito.

Não nos ensinaram a consultar-vos.

Nem acho
    que te demos lugar
    em nossa alma.

    Ainda não vos reconhecemos
    como nosso hóspede.

E, ainda hoje,
    teimamos em ser
        os condutores da nossa vida
            e, por isso, não crescemos,
                não evoluímos espiritualmente.

        E sentimos
        que ainda não fazemos
        as escolhas certas.

Estamos por demais carregados
    de covardia, de resistências,
        individualismos, egoísmos,
            imprudências e superficialidades.

        Opomos resistências e, na ignorância,
        nos comportamos como cegos, surdos,

mudos e coxos, deficientes e aleijados.

Se não arrumarmos
um lugar para Vós aqui dentro,
nós é que ficaremos sempre por fora.

Opomos resistências
quando se trata de saber
e conhecer mais profundamente
sobre a vossa presença em nossa alma eterna.

De onde virá a força
para conquistarmos
os complementos divinos
a serem enxertados
em nossa frágil humanidade?

Quem nos tornará eternos,
se o eterno não morar em nós?

Vinde Espírito Santo,
vinde em nosso socorro.

Ajudai-nos,
pois que reconhecemos
nossa insuficiência
nessa empreitada
que supera nossas capacidades.

Sabemos que o maior obstáculo
está em nós mesmos,
quando desistimos

ou desanimamos
porque não ousamos pedir,
nem aceitar a vossa ajuda,
limitados pela nossa pouca fé.

Ajudai-nos a não vos atrapalhar.

Fazei de nós servos obedientes,
para nosso bem eterno.

Auxilie-nos, Espírito Santo,
a aceitar a revelação
do cristianismo
afirmando que somos templos
do Deus Espírito Santo,
e que vós habitais
a profundidade
da nossa alma espiritual.

O Deus Espírito Santo
que nos habita
pode levar-nos a aperfeiçoar
essa capacidade,
ampliando o alcance
para além de qualquer fronteira.

Ajudai-nos a acreditar
nessa verdade eterna e inabalável.

Ajudai-nos a contar
com a vossa ação.

Uma fonte de força sobrenatural
é o que estamos necessitando.

Desejamos ser
uma só família,
e ter um só pastor,
ser um só povo,
de filhos e irmãos
aqui e na eternidade.

                Sois vós, Espírito Santo,
                 a tomada onde colocamos
                nossa fé, nossas esperanças,
             pois o que vós desejais para nós
                    é a vida eterna.

                    Espírito Santo,
ajudai-nos a ser suficientemente robustecidos,
              para não nos deixarmos seduzir
        pelos prazeres e ilusões deste mundo.

                    Espírito Santo,
    ajudai-nos a sermos suficientemente fortes
        para resistirmos aos ventos contrários,
às dificuldades da vida, às pressões dos inimigos,
                  visíveis e ocultos.

                     Espírito Santo
                auxiliai-nos a perceber
             a nossa divina filiação
                 e o nosso papel
       dentro da História da Salvação.

Espírito Santo
convencei-nos sobre as verdades eternas
que nos dizem respeito.

Tu és o Espírito Santo
que nos anima, e nos dá coragem
para seguir nesta estrada.

Faça-nos ver, desde agora,
algumas esperanças
que poderão ser realizadas.

Como pessoas inseguras,
gostaríamos de ter já
alguns elementos disponibilizados,
para que consigamos fortalecer
nossos músculos e convicções.

Vede, Espírito Santo,
quanto precisamos ser fortes,
por isso, recorremos a vós,
pedindo-vos o dom da fortaleza.

Espírito Santo
ajudai-nos a compreender
a extensão e a profundidade
dos mistérios revelados
pelo Jesus Cristo.

Meu ser, meu ego,
meus instintos, meus interesses,
meu mundo precisa ser sacrificado.

Desejo conquistar o mundo
e não consigo sequer
as forças para dominar
a mim mesmo.

Só vós, Espírito Santo,
    com os vossos dons,
        sois capaz de dar todas as forças
            para nos entregarmos ao vosso comando.

        Venha, Espírito Santo,
        tome a direção
        deste frágil barquinho.

10.8.- O poder da Ressurreição

O poder da ressurreição
é uma pessoa. É o Jesus Cristo.

Ele é poderoso, é a Vida,
e é o prometedor da vida eterna.

Ele esteve aqui,
na nossa carne morredoura.

Veio, se fez carne, viveu entre nós,
morreu, mas ressuscitou.

Ele é o poderoso
que se faz força para nós.

Necessitamos conhecer mais profundamente
      aquilo que nos diz respeito,
           agora e lá na frente.

Pouco ou quase nada conhecemos
      desse poder divino
           pelo qual nós teremos de passar
                ou vivenciar.

Esse tema, esse assunto,
      essa realidade não é tema de conversas
           no dia a dia.

      A cultura do mundo

desvia-se desse tema.

A filosofia do mundo
é não se ocupar com a morte,
nem o que acontece depois dela.

Todo mundo rejeita
falar sobre a morte,
mesmo sendo ela inevitável.

Convém saber
porque opomos resistências
a essa questão.

Não convém desprezar o que ignoramos,
mesmo porque o que virá depois
será melhor do que agora.

E, também, porque necessitamos conhecer
ou fazer caminhos já agora,
enquanto temos tempo,
inteligência e consciência.

Não é sábio nem prudente
deixar para depois
o que nos compete conhecer
e saber agora.

Por essas razões, queremos colocar
o poder sobrenatural da ressurreição
do Jesus Cristo e da vida eterna.

O princípio da ressurreição
é uma pessoa. É o Jesus Cristo.

Ele é a Vida, é quem nos dá a proteção
e promete a Vida eterna.

Veio, se fez carne, viveu entre nós,
não foi aceito, só fez o bem,
foi condenado à morte,
morreu, mas ressuscitou.

E só após a Ressurreição,
reconheceram quem era Ele.

Como era Deus,
filho do Deus Eterno,
O Pai O ressuscitou.

E Ele mostrou
como esse projeto
pode ser feito por nós também.

Ele prometeu.

Basta conhecê-lo,
escutá-lo, estudá-lo e segui-lo,
imitando seu comportamento.

A ressurreição do Jesus Cristo
     foi um acontecimento histórico,
          registrado por historiadores da época.

Foi testemunhado.

Foi registrado nos Evangelhos,
       o livro das Boas Notícias.

É claro que, além de ler,
       terá de acionar a fé, acreditar.

Consciente ou inconscientemente,
       todo ser humano deseja viver para sempre,
            por isso recusa-se a enfrentar a morte, inevitável.

       Agora, quer viver a vida.
       Quer deixar para resolver esse problema mais tarde.

       Achamos a morte um absurdo.
       Revoltamo-nos contra ela.

       Pois bem, se esse é um problema insolúvel,
            será inteligente de nossa parte
                procurar soluções para problemas insolúveis.

       E, se já existe uma solução,
       é mais aconselhável e prudente
       conhecer essa solução.

Conhecer a biografia
       daquele que foi o inventor
            da solução para esse problema.

Ele foi um gênio. Ele foi um sábio.
       O maior sábio de todos os tempos.

    Venceu, derrotou a morte,
        morrendo e... ressuscitando.
            Revivendo ... agora ... para sempre.

Somente a partir do conhecimento
desse poder sobrenatural concedido aos humanos,
somente após admitirmos,
acreditarmos nesse poder,
estaremos livres de qualquer preocupação.

E então reencontraremos
o lugar para a alegria
de estar neste mundo, vivendo,
saboreando ou suportando todos as situações,
condições inerentes à vida humana.

Alegres, esperançosos,
    amáveis, caridosos e carinhosos,
        cheios de fé, passaremos por essa vida
            com serenidade, confiantes, pacíficos,
                aguardando o momento de recebermos
                    a Ressurreição e os bens eternos por herança.

11

O Heipo engraçado, cheio de graças

O Heipo, filho do Deus Pai,
Criador dos Céus e da Terra,
por ser filho e herdeiro,
já é possuidor de poderes divinos,
com liberdade, auxiliado com a fé,
amparado pela esperança,
pela prática do amor,
pela comunicação da oração,
pelo acesso à sabedoria divina,
pelo poder da Ressurreição,
e com a ajuda de um Deus
que é Espírito Santo.

Por tudo isso,
o Heipo é um ser
carregado de Graças.

Tudo é graça.

A própria vida
já é a grande graça,
o grandioso presente
que recebemos do nosso Paizinho.

O Heipo representa nesta Terra

os personagens que já vivem
a partir de alguns ingredientes divinos,
com as Graças Divinas.

    Heipos são as criaturas novas,
        renovadas pela graça.

A nossa alegria filial
    vem da graça
        que nos é dada
            pelo nosso Pai do Céu.

A graça é o favor,
    o socorro gratuito
        que o Paizinho dá
            para responder ao seu convite:
                tornar-nos filhos Dele,
                    adotados para participar
                        da natureza divina
                            e da vida eterna.

O Heipo nasce e renasce continuamente
    das coisas engraçadas,
        isto é, das realidades todas
            que estão grávidas de graças.

O Heipo não é da família
    dos desgraçados,
        isto é, dos sem-graça.

Graças são valores
    que necessitamos

e recebemos sem pedir.

Graças são coisas graciosas,
    afetivas, benéficas, carinhosas
        e acolhedoras.

Graças são coisas engraçadas,
    grávidas de boas expectativas,
        atendimento às nossas carências.

Graças são atos da bondade fraterna,
    paterna e materna, da natureza
        e da divindade.

Graças são dons necessários
    para soluções de problemas.

Graças são comportamentos divertidos,
    semblantes serenos, mãos abertas,
        abraços apertados, sorrisos largos,
            gargalhadas sem censuras,
                ajuda recebida,
                    desejos de felicidades,
                        bons-dias
                            desejados com autenticidade.

Graça é uma característica
    da infância espiritual.

Graça é a própria inocência original.

Graça é nossa filiação divina.

É simplicidade no vestir,
    no andar, no falar, no olhar,
        no brincar e até no trabalhar.

Graça é a harmonia dos passos
    na dança da vida.

Graça é o jeito legal de ser do Heipo.

Nada nem ninguém há
    que segure nossa originalidade
        e impeça que alcancemos o fim
            para o qual fomos criados.

Estamos determinados
    a recuperar
        a nossa originalidade.

Por que demoramos tanto
    para perceber a falta, o prejuízo,
        que as graças provocam?

    - Uma névoa
        encobria as verdades.

    - Os espelhos
        estavam embaçados.

    - Nossa face
        andava triste e deformada.

- Nossos sonhos,
      mal construídos.

Agora, cheios de graças,
      dizemos um 'não' às ilusões.

Sim, é o grito que explode
      dentro de cada um,
           em resposta a essa maneira
                de ser e viver original.

Isso tudo é muito engraçado.

Somos, em tudo,
      em nossa essência,
           cheios de graças.

Se não tiver graça nenhuma, acabou;
      não há mais nada a fazer.
           Perdendo-se a originalidade,
                perdeu-se a finalidade.

      Recuperando nossa inocência original,
           estaremos graciosamente
                vivendo nos braços
                      do Papai do Céu.

Desejamos acreditar de novo
no Paizinho do Céu,
doador de tudo aquilo
que necessitamos para viver
agradecendo.

Não somos desgraçados.

Somos, sim, muito engraçados.

Já recebemos todas as graças
que necessitamos.

12

O Heipo desperto, acordado, ativo

**Uma vez desperto,
o Heipo é a esperança
de que as coisas comecem a melhorar,
para si, para os outros,** enfim **para toda a humanidade.**

    Onde existe
        um Heipo desperto,
            ali a história
                toma uma direção definida
                    e construtiva.

    Quando o Heipo desperta,
        tudo começa a andar nos trilhos.

    Tudo recomeça
        a dirigir-se naturalmente,
            para o seu fim,
                a realização máxima
                    das potencialidades
                        em direção à perfeição.

    Aquela pessoa
        que despertou o seu Heipo
            enxerga as dificuldades
                da escola da vida

         como oportunidades
                para colocar em prática
                        suas capacidades.

Aquele ou aquela
        que conseguiu acordar
                o Heipo em sua personalidade
                        chama a atenção
                                pelo entusiasmo e vibração
                                        com que se relaciona
                                                com a natureza
                                                        e com seus irmãos.

Sua vitalidade
        se esparrama por aonde passa,
                contagiando os desanimados
                        e deprimidos.

O Heipo enfrenta situações desagradáveis,
        mas não enterra a cabeça na areia;
        não foge e não se entrega,
                mesmo que ao agir
                        encontre resistências e limitações.

O Heipo supera-se,
        porque se motiva
                e se encanta.

O Heipo quer voar
        sem ter asas.

        Quer pular

   por cima das montanhas,
    mas tem pés e peso.

Não, não tem asas ainda,
  mas pelo pensamento, pelo espírito,
   já superou muitas deficiências.

O Heipo emociona-se.

 Possui sentimentos e emoções.

 É humano,
  chora, ri, canta, grita,
   pula e corre.

 Anda na chuva.

 Pisa descalço no chão,
  na lama, na pedra lisa, na areia,
   nas trilhas das matas,
    na calçada e no asfalto.

 Não tem chão
  que o Heipo não pisa.
   E onde pisa conquista.

O Heipo é aquela parte do ser humano
 que se manifesta com alegria,
  com entusiasmo,
   com brilho nos olhos
    e com carinho nos gestos.
     É vibrante.

Está vivo.

O Heipo, capacitado com o dom da visão,
    aperfeiçoado pela contemplação,
        pode ver onde se encontra
           o calor humano,
              onde há receptividade,
                abertura e bondade,
                  amor e carinho
                  e um mundo de fantasias,
                  riso, música, dança e brincadeiras,
                  com o bom humor.

O Heipo é possuidor e cultivador
    de um olhar atento,
        contemplando o outro,
           vendo tudo e todos,
              com deslumbramento,
                entusiasmo e vibração.

O Heipo é aquela parte inocente,
    sem censura pessoal, grupal e social,
        que se manifesta com o coração
        e com a simplicidade.

O Heipo aprendeu a ler frases invisíveis
    na testa de cada pessoa humana:
        'olhe para mim
           e me dê atenção,
              pois sou seu irmão'.

O Heipo sabe que cada ser é uma realidade

que quer ser descoberta, conhecida,
 reconhecida e amada.

O Heipo é autêntico, coerente,
 transparente e natural.
  Conhece-se profundamente
   e por isso é compreensivo.

No Heipo há um charme querendo cativar.
 Há um convite no olhar.
  Um sorriso atraente na face.

Há uma intimação materna
 e uma autoridade paterna
  impondo as leis do amor
   como critério único
    para todos os irmãos.

O Heipo se manifesta
 quando ultrapassa
  os limites culturais,
   geográficos e corporais
    pelo pensar sem barreiras,
     pelo querer sem preconceitos,
      pelo sentir-se livre
       qual ave nos Céus.

O Heipo possui espírito. Tem alma.

O Heipo vê as coisas com deslumbramento,
 com emoção, com entusiasmo e vibração
  porque vê o interior,

       e, além das aparências,
            vê o Pai Criador na origem de tudo,
                  de onde vieram todos os valores.

O Heipo desperto, ativo, iluminado
    consegue ver a realidade invisível,
        dentro de cada ser.

    Sabe que lá dentro há uma alma,
        uma centelha divina,
            uma semente-mensagem
                do Paizão do Céu.

13

O Heipo escolhe sonhos e não pesadelos

**O profeta anuncia
que os pesadelos
devem dar lugar
aos sonhos.**

Ao nascer neste mundo,
    uma imensa porta se abre
        para milhões de possibilidades,
            oportunidades, lugares,
                condições e profissões.

        Temos o poder
            e a liberdade
                de escolher
                    para onde direcionar
                        os passos,
                        empreendimentos
                        e construções.

        Temos até oportunidades
            de abrir novas estradas,
                ou aperfeiçoar
                      as estradas existentes.

        Temos o poder

                e liberdade
                        para sair por aí afora
                        procurando outros lugares.

Temos um gostinho
    pelas alturas.

Nossas tendências indicam
    que estamos sempre procurando
        lugares mais acima do chão.

É gostoso e misterioso
    curtir a vista,
        uma paisagem do alto
            de uma montanha.

Se perguntarem a alguém
    onde gostaria de morar,
        no vale ou na montanha,
            a resposta será certamente
                lá no alto, onde conseguimos enxergar
                mais longe.

Nas estradas da vida,
    lembramo-nos
        dos lugares
            onde estivemos.

E hoje sabemos muito bem
    onde estamos colocando
        nossos passos.

Por aonde andaremos?

É uma pergunta
    que estamos fazendo
        ao futuro.

Não escutaremos
    a resposta nem a voz
        do futuro se não formos até lá.

Esta é a proposta
    que estamos fazendo
        neste momento:
            vamos até o futuro
                buscar as respostas
                    que estamos querendo
                        e precisando aqui e agora.

'Por aonde andaremos?'
    Para responder a essa pergunta,
        é necessário aceitar
            que muitas portas
                ainda estão fechadas,
                    algumas, esperando
                        que sejam abertas.

Sabemos que existem
    caminhos feitos,
        que nos ajudam,
            e caminhos
                a serem feitos,
                    que nos provocam,

                        desafiando.

Sabemos que existem
      direções apontadas
           para os lados,
                para cima,
                      para as alturas, infinitas,
                          e para baixo,
                              nas profundidades
                                    inexploradas.

Andamos em linha reta,
      na horizontal,
           e não conseguimos ainda
                satisfazer todas as expectativas
                      que palpitam
                          dentro de cada um de nós.

Nas linhas verticais,
      para cima, nas alturas,
           temos dificuldades
                para voar como os pássaros,
                    e para baixo, nas profundidades,
                      encontramos ainda,
                          dificuldades ou resistências
                              para nos enterrar, como minhocas,
                              ou nos marinhar, como os peixes.

Pesquisar e conhecer
      o passado,
           essa tarefa,
                nós já cumprimos.

Não há mais mistérios.

Para lá já viajamos,
        pelos livros de História.

Avaliar
        e viver no presente
                é natural para nós.

É o lugar onde estamos,
        e bem adaptados.

Mas construir o futuro
        é um desafio
                e uma grande responsabilidade.

Como faremos isso
        se não fizemos
                curso de Engenharia,
                      nem de futurologia?

O espetacular
        da condição e situação de humanos
                é que estivemos sempre em condições
                      de voltar para o passado,
                            fazendo uso da memória
                                e dos livros de História.

Mas ir para o futuro
        já é ficção.

Qual é a capacidade
    que devemos descobrir
        ou aperfeiçoar?

Invadir o futuro
    é um ato de violentação
        que fazemos
           à nossa própria natureza.

Não estamos preparados.

É como querer entrar usando a força
    na casa ou no território de outro povo,
        de outra cultura,
           um outro nível,
                novíssima dimensão.

As nossas primeiras ações nesse campo
    só terão êxito se considerarmos
        o lugar da invasão como um lugar legal,
           bonito, simpático e bom,
                assim como imaginamos o Céu.

Nessas condições iremos desarmados.

Se, porventura,
    planejarmos ir para o futuro
        e encontrarmos situações
           e condições hostis,
                não estaremos preparados,
                    pois que nenhuma arma levaremos.

Estamos afirmando
    que a nossa natureza
        é de bondade.

E acreditamos
    que a bondade
        seja uma virtude
            universal.

No tempo em que estamos vivendo
    e no que foi considerado passado,
        temos poder e domínio,
            e muito sangue verteu.

Se o passado
    foi desenhado e pintado
        com tinta vermelha,
            o futuro
                pintaremos de branco,
                    como a bandeira da paz.

Ainda estamos pesquisando
    e buscando aperfeiçoamento
        para as nossas potencialidades.

É bem possível que elas
    estejam ainda dormindo.

Talvez seja hora de acordar
    o Heipo dorminhoco.

O vento levará nosso barco,

   mas com as mãos no leme,
     pois agora sabemos
       para aonde queremos ir.

Quase todos os caminhos conhecemos.

Quase todos os caminhos percorremos.

Por eles andamos com segurança,
   e, às vezes, com medo.

Muitos caminhos
   nos levaram a lugar nenhum.

Poucos caminhos
   nos deram alegria e satisfação.

Haverá um caminho
   pelo qual ainda não andamos?

De uma coisa temos certeza:
   ainda não avistamos
     a placa 'chegada'.

Outro caminho tem.

Sabemos que tem.

Outro caminho
   nos convém arriscar.

Uma nova terra

deve existir,
ou uma Terra promovida
para Céu.

Um céu sonhamos
e desejamos para todos nós.

As velhas estradas
não nos levaram ao lugar
dos nossos anseios e sonhos.

Poucas estradas
mostram novos horizontes.

E não gostamos de fronteiras.

Não gostamos de limites.

Não gostamos de divisas.

Algo nos atrai.

Sentimos uma saudade a morder,
uma voz que chama,
atração que não opõe resistências,
promessas de que agora vai dar certo.

Sonhamos com uma resposta certa, cheia,
com um encontro, um aconchego que dê descanso.

Sonhamos com uma paz branca
vestida de bomba simples.

No sonho queremos sentir
        um nó na garganta, emoções.

Um sonho novo?
        Um sonho em um novo nível?

Numa nova dimensão?

Ousaremos inovar?

Arriscaremos?

Venceremos o medo?

Domesticaremos a insegurança?

Mudanças podem ocorrer
se escolhermos apressar
a dinâmica da evolução.

14

O Heipo foi criado para grandes projetos

O Heipo não foi feito
para pequenos projetos,
para ser escravo da rotina,
ou para viver ignorando o projeto divino.

Fomos criados
para fazer parte
de projetos divinos.

    Fazemos parte de um projeto eterno.

    Quando nos apegamos
        a valores pequenos,
      nos apequenamos
          e acabamos nos afastando
          e perdendo nossos projetos finais.

    A insatisfação
        perante a vida
           revela-nos a verdade
              de que não nos conhecemos
                suficientemente.

    Se desconhecermos ou ignoramos
        que somos originais,

    corremos o risco
      de não sabermos
        tomar conta
          da nossa própria vida.

Repetimos a frase
    do Apóstolo São Pedro
        no começo da sua segunda Epístola:

"Pois que o seu divino poder nos deu todas as condições necessárias para a vida e para a piedade, mediante o conhecimento daquele que nos chamou pela sua própria glória e virtude. Por elas nos foram dadas as preciosas e grandíssimas promessas, **a fim de que assim vos tornásseis participantes da natureza divina ...**".
Segunda Carta do Apóstolo Pedro 1,3-4

    É por essas razões
    que não nos contentamos
    com coisas que não possuem valor
    e não nos revelam
    a estupenda criação
    que cada um é.

Não aceitamos viver
    amarrados pela rotina,
      apegados em referenciais pequenos,
        ignorando os bens e a herança eterna
          que nos está destinada.

Existe a responsabilidade
    de cada ser humano saber qual o seu destino,
      para quê foi criado.

Cada um de nós recebeu dons,
        somos dotados de todas as capacidades necessárias
            para buscar o conhecimento
                de tudo aquilo que nos diz respeito
                nesta vida e na outra.

Se existem resistências inconscientes,
      convém que saibamos
           as razões dessas resistências.

Aprendemos direito as lições?
        Tivemos bons pais, educadores e professores?

Estamos em condições de buscar respostas?

Este texto procura mostrar os argumentos
que dizem respeito ao grande projeto do qual fazemos parte,
talvez ainda inconscientes e inconsequentes.

Conhecemos qual é a nossa identidade
e qual a nossa participação no projeto divino?

Volte algumas páginas atrás
 e releia os poderes divinos
 que já estão à nossa disposição.

15

Heipos no chão da vida querendo decolar

Cada ser humano
que passa ao nosso lado
é um ser original,
diferente e único.

    Somos todos iguais,
        mas somos também
            todos diferentes.

    Algo é comum em todos nós:
        caminhamos sobre a terra,
            usando nossos pés,
                temos uma mesma origem
                    e teremos todos
                        o mesmo fim.

Nessa travessia,
    nessa aventura,
        nada nos diferencia.

De cada um desses personagens
    temos algo a aprender,
        pois cada um de nós
            é um Heipo,
                artista ou anjo.

        Cada um é professor ou mestre,
        carregado de experiências,
        pessoais, únicas, só dele,
        mas que faz questão
        de partilhar.

Quando passamos um
    ao lado do outro,
        passamos como objeto bruto,
            desconhecidos e diferentes.

Como seres humanos especiais,
    movemo-nos com nossas pernas,
        gesticulamos com nossos braços,
            movemos nossa cabeça,
                dirigimos nosso olhar
                      para onde somos atraídos,
                          para onde desejamos.

Dentro de nós, corre sangue quente,
    ideias, ideais, expectativas e sonhos.

Estamos equipados
    com poderosos equipamentos
        de sensibilidade,
            como a compaixão,
                a simpatia e o amor.

Possuímos a capacidade
    de pensar, gerar pensamento,
        produzir ideias.

Estamos equipados
      com ferramentas
           de auto comando.

Sentimos,
      pensamos,
           avaliamos,
                tomamos decisões,
                      escolhendo caminhos.

Somos portadores
      de antenas de percepção,
           sintonia, olhares vivos
                e ouvidos atentos.

Somos seres perfeitos,
      superequipados
           com as ferramentas ideais
                para provocarmos ações
                      e reações por aonde passamos.

Ah! ... se não fôssemos egoístas,
      seríamos já altruístas,
           Heipos, prontos.

Já estamos prontos.

      Falta-nos motivações,
           mexer com o nosso coração.

E há poucos Heipos
    olhando, admirando,
        contemplando, bebendo,
            extasiando-se com a beleza
                e com o infinito Universo.

O nosso Paizinho do Céu
    precisou de um modelo preexistente
        para se encarnar aqui na Terra.

O Criador dos Céus e da Terra
    criou o homem e a mulher
        à sua imagem e semelhança,
            prevendo que um dia
                viria morar aqui.

Quando seu Filho veio,
    como já tinha um molde,
        foi fácil ajustar-se a ele.

É o Criador dos Céus e da Terra
    que precisa do ser humano
        para se expressar
            de uma maneira futura
                no presente.

Mas esse fato
    deixou o ser humano
        meio esquisito, ansioso,
        meio deslocado,
            desequilibrado,
                dividido entre aqui e lá.

Mas não há divisão
    entre o Céu e a Terra,
        se ambos estão dentro
            da eternidade.

O divino mexeu na estrutura
    do ser humano.

    A melhor experiência
        que fazemos
           é quando entramos
              em sintonia
                com o mundo divino.

Somos não só terráqueos;
    felizmente somos também celestiais.

Este é o desafio:
    explorar o que temos de divino
        para viver aqui na Terra
            com o que de melhor
                já somos.

E olha o que já somos:
    filhos do Deus Criador,
        Imagem e semelhança,
            com Ele e com seus poderes,
                e Herdeiros dos Céus e da Terra.

O Heipo não se contenta
    em ser a expressão do coração,

     da sensibilidade,
       da mente, da intuição,
         do ser e do fazer.

Insiste em já ser
    a manifestação do Espírito
      que tudo vivifica
        e enche de esperanças
       e projeções
           este cenário da Terra
           onde estamos,
             por ora, a habitar.

Cultivar o Heipo,
   eis o que dá sentido
     e alegria nesta vida.

   Dar chances
     para que o Heipo se manifeste,
      é condição de saúde,
       de equilíbrio
        e de desenvolvimento.

     Estamos tentando criar condições
     para que o ser humano satisfaça
     a sua maior potencialidade,
      aquela que anseia
      pela perfeição.

Queira ser como o Heipo.

O Heipo quer mostrar

      que o real ou a realidade
           talvez seja outra coisa,
                outro tipo de arte.

Não aceitemos
      cavalgar na ilusão,
           da realidade visível,
                se ela não responder
                      aos anseios mais profundos
                            da nossa humanidade.

Não podemos nos acostumar
      a curtir a vida
           sem sentir o verdadeiro sabor
                desta vida.

O Heipo não é apenas
      uma criação da imaginação.

      Não é fantasia
           nem idealismo.

      Não é também uma viagem
           na maionese.

O Heipo é algo concreto
      que existe em cada pessoa humana.

Você experimentou diversos sentimentos enquanto percorria as linhas e nas entrelinhas deste livro. A sua consciência também estava ativa enquanto se fazia presente.

Era ele, o anjo, o artista, ou o Heipo, querendo se manifestar mais livremente, sem complexos de inferioridade, incapacidades ou limitações.

Existe uma mensagem na insatisfação.

    É uma fina chama
        que não quer se apagar
            enquanto não houver
                contentamento
                    e realização
                        a partir de um modelo,
                            eterno, infinito.

Bem-aventurados somos nós,
    desde nosso nascimento.

    Não fomos projetados
        para viver nos infernos,
            no mundo da amargura
                ou da desesperança,
                    do sem sentido e sem finalidade.

    Fomos feitos
        para viver como Heipos,
            amadurecidos e transformados
                nos filhos do Paizinho dos Céus.

Você ter chegado até aqui, nas linhas e nas entrelinhas deste livro, deve ter tirado a conclusão de que o Heipo é a sua própria alma.

Portanto, se vive, tem alma.

A alma ou o espírito é essa dimensão infinita
que vive dentro deste nosso corpo finito.

O Heipo é você, sua alma, seu espírito.

É o artista, desejando já ser o anjo.

É o anjo vivendo no artista.

O Heipo tenta viver
    no aqui e no agora,
        como viverá logo mais
            na eternidade
                que já começou.

16

Liberte o seu Heipo. Deixe-o voar

Se você não o libertar
    ele se fechará,
        se guardará
            e deixará de vibrar e cantar,
          perderá a graça em tudo o mais.

Desconhecendo o Heipo
    que lhe habita,
        experimentará a limitação,
            a angústia, a depressão,
                os desequilíbrios,
                    pois que não está alimentando
                        o centro e o eixo vital
                          da sua personalidade.

O Heipo quer mostrar
    que a realidade talvez seja outra coisa,
        outra arte ou outra dimensão.

Não aceitemos
    cavalgar na ilusão,
        da realidade visível,
            se ela não responder aos anseios
                da nossa humanidade,
                    e futura divinização.

O Heipo é sensível, real e concreto.

O Heipo não é apenas uma criação
        da imaginação.

Não é fantasia nem idealismo.

Não é também literatura
        sem finalidade.

O Heipo é algo concreto
        que existe em cada pessoa humana,
            consciente e sensível.

É surpreendente.
        É misterioso.

É um jeito de ser,
        daqui e de lá.

Mas já um pouco,
        do jeitão de viver, de lá.

Você experimentou diversos sentimentos e pensamentos
enquanto lia estas linhas.

Era ele, o Heipo, querendo manifestar-se mais livremente,
sem complexos de inferioridade, incapacidades ou limitações.

Existe uma mensagem na insatisfação:
é a fina chama que não quer se apagar.

Você tem o poder de manter acesa essa capacidade.

Reflita sobre tudo o que acabou de ler
e tome algumas decisões.

O Heipo
tem a intenção de despertar em cada leitor
a vontade racional de reconquistar a personalidade original,
perdida ou enroscada em lugares ou objetos
que não retribuem energias de realização.

O Heipo
tem a intenção de demonstrar
que fomos adquirindo a malícia, a esperteza,
e muitos outros desvalores e maldades,
naturalmente incorporadas em quase todas as culturas.

Esses defeitos
provocam atitudes de desconfiança e fechamento.

Monte um time, o time do Heipo.
Você tem amigos Heipos de montão.

Veja quem mais faz parte desse time e filie-se a eles.

Firme-se em algumas metas a respeito do seu próprio Heipo.

Empenhe-se em transformar o cenário desta Terra
com uma nova maneira de ser no palco em que estamos.

Interprete o seu verdadeiro papel

com a originalidade que o Heipo lhe oferece
e será um astro.

Dará shows fantásticos,
pois viverá interpretando
um personagem do futuro, divinizado.

É de fato, filho do dono do mundo,
do Criador dos Céus e da Terra,
e de todas as coisas, visíveis e invisíveis.

Você ter chegado até aqui,
nas linhas e nas entrelinhas deste texto,
deve ter tirado a conclusão de que o Heipo é a sua própria alma.

    Portanto, se vive, tem alma.

    A alma é o ânimo, a vida,
        é a dimensão infinita que palpita
            e sonha dentro deste nosso corpo finito.

O Heipo tenta viver
    no aqui e no agora,
        como viverá logo mais,
           na eternidade,
                que tem aqui
                    o seu começo.

Vivemos como mendigo e andarilho,
    sim, mas cada um de nós é herdeiro
        de uma fortuna inimaginável.

Seja verdadeiramente o sujeito
da construção da sua vida pessoal.

A você foi lhe dada uma vida
    a qual está vivendo.
        Você está no palco dos vivos.
            Foi escalado para jogar no time principal.

Não está só na arquibancada,
apenas aplaudindo.

Até aqui estamos vencendo.

Bem-aventurados somos nós,
desde nosso nascimento.

Não fomos projetados
para viver nos infernos,
no mundo da amargura
ou da desesperança,
do sem sentido
e sem finalidade.

Fomos feitos
para viver como Heipos,
amadurecidos e transformados
nos filhos do Paizinho dos Céus.

Dê chances para o Heipo manifestar-se,
pois para ele é condição de saúde,
de equilíbrio e desenvolvimento.

Damos chances
        para que o Heipo se manifeste
            quando criamos condições
                para que o ser humano
                    satisfaça a potencialidade
                        que anseia pela perfeição,
                            pela eternidade.

Você ter chegado até aqui, nas últimas linhas deste livro, deve ter percebido que esteve lendo o tempo todo a sua própria autobiografia. Talvez faltem apenas alguns ajustes. Vá em frente.

17

Alçou voo para além deste mundo

Numa dessas tardes,
caminhando pela Avenida Arthur Bernardes,
percebi que um senhor andava ao meu lado,
quase no mesmo ritmo, lento e tímido.

Deu um passo um pouco mais rápido,
passando na minha frente, parou e voltou-se.

Com um sorriso largo, olhou-me, e perguntou:

— Posso dar uns passos contigo?

— Claro, claro que pode. Gostaria muito.
É muito melhor caminhar e conversar com alguém
do que caminhar e ficar conversando consigo mesmo,
sofrendo as pressões do sr. Barulho ou mesmo
com a boa companhia do sr. Silêncio.

A primeira pergunta
que todo mundo faz quando encontra alguém
que não o conhece é: 'Qual o seu nome'.

Respondi sem pensar:
Heipo. Heipo é o meu nome.

Um ponto de interrogação surgiu em seu olhar.
Surpreso, ficou mudo, por alguns segundos.

Isso aconteceu dias antes de começar a escrever os textos deste livro.

O conteúdo todo estava em minha cabeça. Não sabia por onde começar,
qual o primeiro texto, como escrever e o que escrever.

A resposta foi automática, sem pensar.
Pudera... só tinha o Heipo na minha cabeça.

Reforcei a resposta:
Heipo é o nome de um personagem
que não me sai da cabeça.

É um mundo todo
que está contido
dentro da minha personalidade,
não apenas no meu pensar.

Aí o senhor retrucou:
— Heipo é apelido, nome ou sobrenome
ou abreviatura de algum nome comprido?

— Heipo é o personagem que criei,
imaginando-o como um ser humano,
onde estão concentradas todas as coisas boas da vida
e de um ser humano qualquer.

É esse o nome do personagem que criei
para divulgar o que escrevi, como escritor.

Heipo
é tudo aquilo
que de melhor existe
em cada ser humano.

E não é só isso.

Ele é o herdeiro
do Reino dos Céus.

Olha, não quero complicar as coisas para o senhor.

Então respondi como eu queria
e imaginava que o Heipo fosse:

Como escritor me perguntei
o que as pessoas precisam ler.

Não o que elas querem ler,
nem o que acham que seria bom ler.

Meu objetivo é que os textos, deste livro,
não sejam apenas literatura, mas, sim, atraentes,
profundo, vivo e verdadeiro.

Que contenham palavras-sementes,
prontas a nascer, a explodir
e que se transformem
em árvores frondosas
produzindo bons brutos.

Que os textos deste livro

sejam o ponto de partida
para as pessoas
que fazem perguntas provocantes.

Que os textos deste livro
abram as portas
e revelem caminhos
para as pessoas
que procuram respostas definitivas.

Que o personagem Heipo
de cada pessoa seja acordado
e comece ou recomece
a andar, correr e até a voar.

Espero e desejo
que os textos deste livro
revelem a personalidade ideal e real,
escondida ou dormindo,
em cada ser humano.

Percebi espanto em seu olhar
e vi que ele não estava mais ali.

Sua pessoa estava presente,
mas ele, não.

Alçou voo para além deste mundo.

Não insisti mais.

E cada um continuou

a sua costumeira caminhada,
com aquele que passeava,
não mais com os pés no chão,
mas voava, sobre as nuvens,
vendo tudo lá de cima,
com o olhar renovado do Heipo.

18

Conclusão

Vinde benditos do meu Pai.
Recebei por herança o Reino
preparado para vós
desde a criação do mundo.
Mateus 25,34

O que ficou martelando na sua cabeça após a leitura deste livro?

A premissa maior,
    o grande argumento,
        é que cada um de nós
            é filho do Deus Criador do Céu,
                e herdeiro do Reino dos Céus.

Todo o desenrolar do livro procurou esclarecer e fortalecer esta tese.

Não fosse assim, tudo o que já foi escrito seria mentira, hipocrisia, literatura vazia.

Todo o livro ficará só em letras, literatura e ilusão
se não conseguir repassar o objetivo final pelo qual ele foi escrito:

- Fortalecer a convicção de que cada um de nós foi criado por um Deus,
que é o nosso Pai, Criador do Céu e da Terra.

- E que fomos criados à imagem e semelhança com o seu filho Jesus Cristo.

- E que somos portadores de algumas promessas,
de participação na vida Divina,
de ressurreição após a morte,
e que teremos uma vida eterna.

Essas são as verdades fundamentais
e as respostas às principais perguntas
que fazemos por estarmos aqui na Terra.

E, se chegamos a conquistar o conhecimento
dessa visão da vida que o Heipo quis comunicar,
a partir daqui, restam-nos apenas duas alternativas:
permanecermos indiferentes,
ou escolhermos as mudanças de rumo
que são necessárias.

Quando falamos em necessidade de mudanças,
referimo-nos a acrescentar os sinônimos de conversão,
alteração de rumo, evolução contínua.

Mudar continuamente
é o grande desafio a ser aceito e definido como filosofia de vida,
se quisermos de fato crescer em direção
a um grau cada vez mais próximo da perfeição.

Dizem que os gênios usam no máximo
dez por cento do potencial humano.

Nós, seres normais, usamos bem menos.

Há, portanto, em cada ser humano,
capacidades de crescimento, desenvolvimento e aperfeiçoamento.

Nessas capacidades estão escondidas as potencialidades
que nos capacitarão a receber a herança da imortalidade.

Ainda algo está faltando.
Se, ao terminar de ler este livro,
você não se inserir na comunidade onde você está residindo,
de nada adiantará ficar só na teoria.

A resposta concreta da sua parte
vai ser a de se inserir numa fraternidade maior.

Convém desenvolver e aperfeiçoar
 a sua vocação de irmão ou irmã.

Faça parte ativa,
presente em qualquer grupo ou organização do seu bairro
ou da sua paróquia.

Convém a você tornar-se um ser ativo.

Está plantada a semente da Esperança.

Finalizando, damos a palavra
para o Santo Agostinho.

"Acercar-me-ei como mendigo,
porque me convida quem,
de rico,
se fez pobre por mim,
a fim de com sua pobreza,
enriquecer a minha indigência.

Acercar-me-ei como doente,
porque não tem necessidade
de médico
os sãos, e sim, os enfermos.

Chegarei como estropiado
e dir-vos-ei:
'Dirigi, vós, os meus passos
nos vossos caminhos'.
Virei como cego e suplicarei:
'iluminai meus olhos,
para que jamais durma
o sono da morte."

19

Agradecimentos

À Província e à Ordem dos Frades Menores Capuchinhos, que me acolheram durante seis anos em Ponta Grossa, no Convento Bom Jesus, onde encontrei e assumi a filosofia e a espiritualidade do São Francisco de Assis. Especialmente ao Frei Armando Comina, ao Frei Clemente Vendramin, ao Frei Bernardo Felipe, Frei Eurico de Melo, Frei Zanini, Frei Moacir Buzarello e a todos os freis, irmãos, com os quais convivi meus melhores anos da minha juventude. Um agradecimento especial à minha amiga e professora Maria de Lurdes Martins, por ter lido, corrigido, me ajudado e incentivado a dar os últimos passos para que este livro viesse a nascer. Muito obrigado.

E a todos aqueles
com os quais estabeleci
bons relacionamentos.

Muito obrigado.

Um ato de gratidão
e profundo reconhecimento
de que o que fui e hoje sou
expressam as influências recebidas
dos meus amigos,
parentes e tantas outras personalidades
com as quais interagi na vida diária,
em viagens, pescarias, cursos,
leituras e na vida profissional.

Ainda somos seres incompletos,

buscando melhorar
todos os componentes
da nossa personalidade.

Estamos à procura
dos valores que nos aperfeiçoam.

Muitos valores
encontram-se nas outras pessoas.

Somos garimpeiros
em constante procura de tesouros.

Esses tesouros
estão não só nos objetos,
mas principalmente nas pessoas
portadoras de virtudes,
de bons pensamentos
e, por isso, testemunham
ações e comportamentos
que produzem momentos alegres
e o enriquecimento
da nossa personalidade.

Se, por exemplo, tomamos conhecimento
de um bom filme, de um bom livro,
de uma boa receita, não descansamos
enquanto não as incorporamos.

Procuramos também,
com determinação,
a paz e a sabedoria existencial.

Somos o que somos graças aos valores
que procuramos e conquistamos.

Esses valores por nós percebidos,
se ainda não os temos, inquietos, ansiosos
e insatisfeitos continuamos.

E, como somos seres humanos
em busca da paz,
enquanto não conseguimos
conquistar os valores
que nos trazem esta paz,
ansiosos e imperfeitos permanecemos.

E, finalmente,
agradecendo a todos os profissionais
que contribuíram
para a finalização deste livro.

Obrigado pela sua companhia.
Abraços fraternos.